哈尔滨市实验学校
HARBIN EXPERIMENTAL SCHOOL

构建德育体系
共育紫冰花开

郝岚 主编

哈爾濱工業大學出版社
HITP HARBIN INSTITUTE OF TECHNOLOGY PRESS

图书在版编目(CIP)数据

构建德育体系　共育紫冰花开 / 郝岚主编 .—哈尔滨：哈尔滨工业大学出版社，2023.10

ISBN 978-7-5603-9600-2

Ⅰ . ①构… Ⅱ . ①郝… Ⅲ . ①德育 – 教学研究 – 中小学 Ⅳ . ① G631

中国版本图书馆 CIP 数据核字（2021）第 139719 号

HITPYWGZS@163.COM

艳|文|工|作|室 13936171227

构建德育体系　共育紫冰花开

GOUJIAN DEYU TIXI GONGYU ZIBINGHUA KAI

策划编辑　李艳文　范业婷
责任编辑　王晓丹
封面设计　朱　宇
出版发行　哈尔滨工业大学出版社
社　　址　哈尔滨市南岗区复华四道街 10 号　邮编 150006
传　　真　0451-86414749
网　　址　http://hitpress. hit. edu. cn
印　　刷　哈尔滨圣铂印刷有限公司
开　　本　787 毫米 ×960 毫米 1/16　印张 15　字数 202 千字
版　　次　2023 年 10 月第 1 版　2023 年 10 月第 1 次印刷
书　　号　ISBN 978-7-5603-9600-2
定　　价　48.00 元

序

站在“两个一百年”的交汇点，哈尔滨市实验学校德育专著的推出，是回应新时代党和国家育人新要求、深化立德树人系统化落实机制的重大教育实践。在《哈尔滨新区教育事业三年发展白皮书》中提出以“一体化、一中心、双引擎”为策略，助推新区教育驶入快车道。其中的“一体化”是指通过构建中小学一体化德育体系，开创新时代德育工作新局面。哈尔滨市实验学校作为哈尔滨市中小学德育工作先进集体，立足国家政策高度，紧跟新区发展速度，率先启动“紫冰花”德育体系建设，从追问到反思，从创验到求索，贯彻落实立德树人根本任务，通过规划“文化润德—课程养德—实践进德—协同育德”的社会主义核心价值观培育路径，立足1~2、3~4、5~7、8~9四个学段学生成长需求，探索提高德育有效性的浸润、系统、渗透、体验、项目、共育六大育人模式，形成具有新区特色和学校特点的各学段纵向衔接承续、各学科横向融通互联、课内外深度融合互补、符合学生认知和成长规律的一体化德育体系，完成孕育紫冰花少年“立冰花—塑冰花—铸冰花—护冰花”的生命创验过程。

教育家陶西平先生生前特别关注教育的全过程优化问题，积极倡导钱学森先生的“大成智慧学”理论，主张德育要“集大成，得智慧”。所谓集大成，就是拥有大德育视角，建立大育人格局。哈尔滨市实验学校的“紫冰花”文化和课程就是建立在“大成智慧学”的理论之上，以“德泽生命、善筑未来”为导向的德育体系建设更是体现了“集大成”的思想：教育内容和形式上突出各学段纵向衔接、层层递进，形成德育一体化目标系统和实践系统，把握好上下学段的育人衔接点。教育方法和途径上突出各主体横向协同、环环贯通，形成学校、家庭、社会“三位一体”资源系统和育人系统，关注各个主体的育人配合度，从而形成德育大生态和育人共同体，发挥出系统协同、整体优化的效应。哈尔滨市实验学校德育体系最具价值的创验便是以培育社会主义核心价值观为主线，促进全体学生对社会主义核心价值观的深刻理解与积极践行，将正确的道德认知、自觉的道德养成、积极的道德实践紧密结合起来，内化为精神追求，外化为自觉行动，每天20分钟的经典诵读课程，书声琅琅、传承经典；每天30分钟的鉴赏课程，多主题鉴赏、跨学科整合、多语种分享，开阔视野，提升境界；每天40分钟的“律动生命”活动课程，跑在实验，赢在未来；实验雅行课程，懂礼知仪，弘扬文明；生态体验课程，感悟实践，靓丽生命样态；德贤斋里品国学、悟百家，品墨轩中书襟怀、养浩气；毛泽东诞辰，铸伟人精神，涤荡心灵世界；我在实验有棵树，向下扎根，向上成长；东北烈士纪念馆，缅怀先烈，感恩幸福。多元化的德育活动丰富了学生的生命，从而铸就生命底色，丰实生命特质，挺直生命脊梁。

构建一体化德育体系就是建设新时代中国德育话语体系和理论体系，这不仅是学校的责任，也是学区、新区的责任。作为新区的每所学校，要把“立什么德、树什么人”作为德育体系建设的逻辑起点，注重育人目标从成人视角向学生立场、学生视角进行政策实施和教育转化，推动一体化德育实践创新，科学规划一体化德育内容、优化一体化德育方法、整合一体化德育资源、配齐建强一体化德育队伍、完善一体化德育评价、强化一体化德育协同等工作，开创德育要素融通一体、学段衔接一体、各方协同一体的德育工作新格局。“校长有约”，学生、家长、老师和校长面对面，共携手，深度融合促发展；“你是我的天使”温暖守护，营建家园；“成长护照”关注成长，蜕变绽放；小初衔接，未雨绸缪，共筑未来。实验学校不断提升立德树人实效，推进学校德育工作高质量发展。加强思政课一体化建设，发挥思政课的主渠道作用。把握德育时代性和主旋律，当好德育政策“思想库”，盘好德育内容“资源库”，组好德育研究“专家库”，建好德育实践“项目库”，管好德育评价“数据库”。

今天的教育已进入全员、全程、全域协同共振的一体化、广域化时代，作为学校的德育工作者，要在大德育的视域下，从衔接目标、内涵、思路、主题、内容、评价等方面，实现跨学段、跨学科、跨部门甚至跨领域，建立一体化德育工作机制，做到育人责任无缝接力，切实把纵向衔接的德育使命贯穿起来。

哈尔滨市实验学校的德育专著面世，仅仅是万里长征的第一步，还需要全体实验人在同心同德中将德育工作的蓝图绘到底，在同创同行中不断完善德育实践，让紫冰花少年的生命在丰实中“明明德”，让紫冰花少年的未来在创验中“止于至善”！

目录

01 探寻初心

EXPLORE THE INITIAL HEART

立德树人 习近平这样阐释教育的根本任务

好老师应该懂得，选择当老师就选择了责任，就要尽到教书育人、立德树人的责任，并把这种责任体现到平凡、普通、细微的教学管理之中。

——2014年9月9日，同北京师范大学师生代表座谈时的讲话

要坚持把立德树人作为中心环节，把思想政治工作贯穿教育教学全过程，实现全程育人、全方位育人，努力开创我国高等教育事业发展新局面。

——2016年12月7日至8日，在全国高校思想政治工作会议上的讲话

要全面贯彻党的教育方针，落实立德树人根本任务，发展素质教育，推进教育公平，培养德智体美全面发展的社会主义建设者和接班人。

——2017年10月18日，在中国共产党第十九次全国代表大会上的报告

人无德不立，育人的根本在于立德。这是人才培养的辩证法。办学就要尊重这个规律，否则就办不好学。

——2018年5月2日，在北京大学师生座谈会上的讲话

要把立德树人的成效作为检验学校一切工作的根本标准，真正做到以文化人、以德育人，不断提高学生思想水平、政治觉悟、道德品质、文化素养，做到明大德、守公德、严私德。

——2018年5月2日，在北京大学师生座谈会上的讲话

要把立德树人内化到大学建设和管理各领域、各方面、各环节，做到以树人为核心，以立德为根本。

——2018年5月2日，在北京大学师生座谈会上的讲话

要在加强品德修养上下功夫，教育引导学生培育和践行社会主义核心价值观，踏踏实实修好品德，成为有大爱大德大情怀的人。

——2018年9月10日，在全国教育大会上的讲话

要深化教育体制改革，健全立德树人落实机制，扭转不科学的教育评价导向，坚决克服唯分数、唯升学、唯文凭、唯论文、唯帽子的顽瘴痼疾，从根本上解决教育评价指挥棒问题。

——2018年9月10日，在全国教育大会上的讲话

要把立德树人融入思想道德教育、文化知识教育、社会实践教育各环节，贯穿基础教育、职业教育、高等教育各领域，学科体系、教学体系、教材体系、管理体系要围绕这个目标来设计，教师要围绕这个目标来教，学生要围绕这个目标来学。凡是不利于实现这个目标的做法都要坚决改过来。

——2018年9月10日，在全国教育大会上的讲话

立德树人　实验学校德育体系之探索

教育是培养人的，“立德树人”这四个字便是当今学校教育始终坚守的根本初心。《大学》有言“德者，本也”，“德”犹如万物之始，是为人之本。

只有将正确的道德认知、自觉的道德养成、积极的道德实践紧密结合起来，才能内化为孩子们的精神追求，外化为孩子们的自觉行动。为此落实国家“立德树人”根本任务、贯彻教育部“中小学德育工作指南”核心精神，体现学校“实验”二字背后的教育本心，便是哈尔滨市实验学校积极推动育人体系建设的初心。

哈尔滨市实验学校2015年建校，是一所九年一贯制义务教育学校。秉承“丰实生命　创验未来”的校本价值观，“明德　亲民　至善”的校训，培养“正品行、求真知、怀天下”的智慧少年。

一、校本价值观：丰实生命　创验未来

“丰实生命　创验未来”是全体教师共同恪守的价值观，也是学校的办学理念。

丰实生命：是以“温暖生命”为起点，在浸润生命底色的过程中让生命日益丰满，在发掘生命潜质的过程中让生命极具个性，在激发生命活力的过程中让生命更加精彩。永葆“为生命而育”的教育情意，开展多视角、大跨度、长周期的全方位培育，不断厚培生命的底蕴，充实生命的价值，让每个学生

如紫冰花般，健康饱满，玲珑剔透。

创验未来：是以“专为将来”为目标，关注未来人才需求的变化，关注世界教育改革的走向，关注科学技术发展的趋势。秉承“为未来而教”的教育理念，致力综合化、国际化、信息化的可持续创新，将人类发展的未来作为创新实践的导向，不断积淀教育智慧和人生智慧，从而更好地面向未来并赢得未来。

二、校训：明德　亲民　至善

“明德、亲民、至善”被称为“三纲领”，出自儒家经典“四书”之一的《大学》：“大学之道，在明明德，在亲民，在止于至善。”《大学》被称作“初学入德之门”，是人们走入系统学习、走进道德世界、走向人生大道的基础学问。“明德、亲民、至善”是对学校人文精神的高度凝练，彰显的是每一名师生的行为准则与道德规范。

明德：道德高尚，行为儒雅，强调在立德中修己树人。于教师而言，明德展现的是启迪心智的一种温暖力量；于学生而言，明德就是去弘扬内心本真的光明品性。

亲民：实事求是，弃旧图新，强调在创新中探索规律。于教师而言，亲民表现为以自我求新的发展迎接革故鼎新的时代；于学生而言，亲民就是在探求真知和不断创意中达到日进其业。

至善：追求卓越，永续发展，强调在完善中同思同行。于教师而言，至善体现的是集体研读与论学的学术精神；于学生而言，至善就是拥有不断向上向好的目标和行动。

三、育人目标：培养正品行、求真知、怀天下的智慧少年

校训体现的是一所学校长期积淀的人文精神，为此，“明德、亲民、至善”就是每一名学生在走出校门后所烙下的文化印记以及所散发的文化气质，这

就是育人的追求。

正品行：做到明德，成为谦谦小君子。强调学生现代人格和儒雅气质的培养，端正态度、修正行为。

求真知：做到亲民，成为活力小创客。强调学生学习习惯和创新意识的培养，追求真理、探求新知。

怀天下：做到至善，成为世界小公民。强调学生健康体魄和全球视野的培养，胸怀大志、关怀他人。

智慧少年：拥有智慧，如冰花般纯洁晶莹，聪颖灵动。陶冶高尚品德和美好情操，获得聪明才智和创新能力。

卢梭说，“我们的教育是从温暖的生命开始的”，教育就是一个不断浸润生命底色、发掘生命潜质、激发生命活力的过程，这样的过程需要我们的教师始终秉持“丰实”的价值理念，以全方位培育为牵引，建构多视角、大跨度、长周期的教育体系，让每一个生命得到丰厚和充实，最终成为一个完整的、精彩的生命体。

蔡元培说，“教育者，非为以往，非为现在，而专为将来”，教育又是面向现代化、面向世界、面向未来的教育，这样的教育需要我们的教师始终秉持“创验”的价值理念，以可持续创新为动力，创设综合化、国际化、信息化的教育生态，让每一门课程、每一次教学都承载未来社会对人才的要求，创造教育的最大价值。

哈尔滨市实验学校创建六年来，以实验速度、实验标准，展现了“积淀实验精神特质，为百年实验奠基”的轨迹和“实验创业有我在”的担当。哈尔滨市实验学校以钱学森先生的“大成智慧学”为理论基础，将“集大成”的思想做实做细，注重“层次性、系统性”的教育范畴，关注“大跨度、远迁移”的创新要素，真正让每个生命在丰实中绽放精彩，在创验中发挥价值。

哈尔滨市实验学校以“多视角、大跨度、长周期”丰实生命，以“综合化、国际化、信息化”创验未来，建立“文化、课程、实践、协同”的育人途径，将德育工作的策略聚焦在文化育人、课程育人、实践育人、协同育人四个方面。并进一步将四项德育策略与学生品德培养联系起来，通过“文化润德—课程养德—实践进德—协同育德”的社会主义核心价值观培育路径，完成孕育紫冰花少年的生命创验过程。

我们搭建起了“一个中心、四条路径、六种模式”的“紫冰花”育人体系框架图。以社会主义核心价值观的培育为中心，形成文化润德路径的浸润模式、课程养德路径的系统模式和渗透模式、实践进德路径的体验模式和项目模式、协同育德路径的共育模式。

(一) 文化润德立冰花

优秀的文化对德育起到潜移默化的浸润作用。学校借助文化润德的浸润模式，于润物无声之中建立起紫冰花少年的人格结构。“文化润德”是社会主义核心价值观的培育路径，“立冰花”是让紫冰花少年不断挺直“腰杆”的过程，通过文化育人，让生命拥有中华文化的涵养和精神。

(二) 课程养德塑冰花

课堂教学，是培养学生品德的主渠道。学校借助德育课程的主题教学系统模式和全科育人的价值观渗透模式，于自然天成的滋养中塑造紫冰花少年正确的世界观、人生观、价值观。“课程养德”是社会主义核心价值观的培育路径，“塑冰花”是让紫冰花少年不断丰满“血肉”的过程，通过课程育人，让生命拥有各个学科的素养和智慧。

(三) 实践进德铸冰花

理想的德育教育追求的不是对学生进行单向的、被动的道德观念灌输，而是在实践中去做德育，让学生通过亲身体验增进自己的德行。我们借助实践体验模式和项目模式，于风霜雨雪的磨砺中铸就紫冰花少年的品德修为。“实践进德”是社会主义核心价值观的培育路径，“铸冰花”是让紫冰花少年不断锤炼“筋骨”的过程，通过实践育人，让生命拥有勇于实践的态度和能力。

(四) 协同育德护冰花

学校、家庭、社会三位一体的德育空间，为学生的品德培养构筑了一个健康发展的格局。我们借助三位一体的共育模式，于层层叠叠的关照中呵护紫冰花少年生命的成长。“协同育德”是社会主义核心价值观的培育路径，“护冰花”是让紫冰花少年不断强壮“肌体”的过程，通过协同育人，让生命拥有生态发展的意识和行动。

02 创验求索

SEEKING FOR EXPERIENCE

“丰实生命　创验未来”是哈尔滨市实验学校的校本价值观，也是一切教育教学的行动导向。通过文化润德，实现润物无声立冰花；通过课程养德，实现自然天成塑冰花；通过实践进德，实现风霜雨雪铸冰花；通过协同育德，实现层层叠叠护冰花。

文化润德

优秀的文化对德育起到潜移默化的浸润作用。借助文化润德的浸润模式，哈尔滨市实验学校主要通过传统文化怡情养志育人场域的营造和涵育文明德育常规的实施、哈尔滨新区的文化驱动和多元文化的交汇融合、学校文化体系的价值引领、紫色环境的功能分区和绿色网络的平台搭建发挥传统文化、地域文化、学校文化对学生的品德培养作用。

一、传统文化浸润　传承文化经典

传统文化，是涵养国人文化自信的源泉。党的十九大报告提出要“深入挖掘中华优秀传统文化蕴含的思想观念、人文精神、道德规范，结合时代要求继承创新，让中华文化展现出永久魅力和时代风采”。在《关于培育和践行社会主义核心价值观的意见》中指出，要发挥优秀传统文化怡情养志的重要作用。为此，学校在实践中积极探索传统文化教育进校园、进课程、进头脑的落地力量，更好地践行社会主义核心价值观。

(一) 怡情养志的育人场域

《关于培育和践行社会主义核心价值观的意见》指出，要建设优秀传统文化传承体系，加大文物保护和非物质文化遗产保护力度。重视民族传统节日的思想熏陶和文化教育功能，丰富民族传统节日的文化内涵，开展优秀传统文化教育普及活动，培育特色鲜明、气氛浓郁的节日文化。

1."走出去"以增强学生的文化自信

学校积极带领学生走出校园，走向更为广阔的世界。每一次"经纬中华情"课程中，认识传统建筑、品尝传统饮食、欣赏传统艺术、了解当地文化特色都是必备项目。洛阳古都之旅，台湾宝岛之行，都旨在培养学生对中华文化的自信心与自豪感，增强保护传统文物的责任感，提升学生传播与弘扬中华文化的创造力。

2."请进来"以提升学生的文化修养

开展"传统文化进校园"活动，整合集结国内众多知名传统文化教育专家，让学生学习"大成至圣先师"孔子的德育内容"忠孝、诚信、礼义、廉耻"，开展名师大讲堂进校园、传统文化礼仪进校园、传统文化节日进校园、国学经典进校园等系列活动，通过活动提升实验学子文化水准与修养。

（二）涵育文明的德育常规

中华传统文化中的德育观念早在尧舜时期就已经存在了，中国传统道德教育思想历来强调道德的修身功能，启发个体的内在道德自觉，督导个体不断进行自我道德品行的修炼。同时，中华传统文化的道德观强调知行合一，"讷于言而敏于行"。学校充分挖掘中华传统文化中的德育因子，让传统文化进入学校德育常规，发挥涵育文明的作用。

1.通过仪式教育培育文明意识

仪式教育是一个内外兼修的过程，内可以养性，外可以修行。学校一方面组织开展升旗仪式、传统民族节日仪式等，培养学生礼敬、庄重、谦恭等文明素养；另一方面开设"德泽生命"课程，通过组织新生入学式、入队仪式、大队委竞选、新生军训、学生会竞选、入团仪式、百日誓师大会、毕业礼等成长礼活动，培养学生的文明意识。

2.通过行为教育培育君子风范

行为教育，是学校教育的补充，是为了能够促进学生的学习而对其相关的非智力因素进行培训，从而养成良好的学习和生活习惯。学校开设“大学十一讲”课程，让这门“隐形课程”成为学生们领略儒家大义、传承民族精神、完善人格培养、养成儒雅行为的必修课。“大学十一讲”课程的中级阶段是“过行事门”，就是以学习《大学》行为法则为主，通过威仪法、慎独法、正言法、知止法、先后法、始终法等过行事门的多种方法，让学生学习和规范自己的言行，不断向君子风范靠近。

3.通过规范教育培育良好习惯

规范教育，是通过学习与实践，理解并遵守学校、年级或班级制定的各项制度和规范。学校开设“实验雅行”课程，以君子怀德、君子有礼、君子中庸、君子知耻等为起点，针对学生的学习习惯、生活习惯、交友习惯、健康习惯、行为习惯及其他习惯进行了规范，并结合学生年龄特点和学习生活的实际情况，设置了逐步递进的养成教育主题和内容，并借助“实验手环”这一形式，教育学生自觉约束自己的行为，养成知规范、懂规矩、守规则的良好习惯。

二、地域文化浸润　魅力熏陶影响

地域文化，是学校德育天然的文化载体。《关于培育和践行社会主义核心价值观的意见》和《黑龙江省教育事业发展“十三五”规划》中分别指出，要注重民俗文化的创新，引导青少年学生树立和坚持正确的历史观、民族观、国家观、文化观，增强中华民族的归属感。哈尔滨市实验学校挖掘地域优质教育资源，一方面，发挥哈尔滨新区“中国北方智谷、松江水韵新城”打造对俄贸易新高地的文化驱动作用，让学生在参加新区雏鹰小队的社会服务活动和参观哈尔滨新区系列创新企业的科技活动中增进家乡情感，增强创新能力。另一方面，结合哈尔滨多元文化交汇融合的地域文化特点，充分利用哈尔滨大剧院等特色建筑，让学生在欣赏、学习哈尔滨本土民族技艺中增强民族归属感，在参观、鉴赏中西合璧的文化艺术中通过文化对比增强文化认同感。

(一) 哈尔滨新区的文化驱动

1.“水韵新城”增进学生的家乡情感

(1)雏鹰小队社会服务活动。

雏鹰小队以班级为单位，组织开展走进家乡、服务家乡的社会实践活动。增强了学生们热爱家乡、服务家乡、建设家乡的深厚情感。每年寒假暑假，雏鹰小队在美丽的市政府广场举行社会公益活动，活动的内容丰富多彩。包括“节省一分钱，献出一份爱”的捐献活动；“清除小广告，争做环保小卫士”的美化环境活动；“遵守交通规则，我当交通协管员”活动；“靠近您，温暖您”传递关爱的爱心活动。同学们在万达城广场进行小报童售报，为松北区环卫工人送水，帮助环卫工人清理冰雪，进行爱家乡、爱松北宣传，关爱松北区老人，等等。

(2)垃圾分类美化城市活动。

学校积极响应市级相关部门要求，教育学生积极实施垃圾分类，倡导学生“小手拉大手”影响家人垃圾分类的思想。在小区里要捡起被人丢弃的垃圾，用自己的行动宣传垃圾分类知识，让家乡变得更加美好。每个班集体还针对垃圾分类开展了小视频征集、优秀作品征集等活动，在学校宣传平台中展示。大家都为家乡的美化出了一份力，开心而又骄傲。

(3)爱心宣传社会公益活动。

哈尔滨市实验学校定期开展爱心宣传社会公益活动。学生们来到松北区的润福文化养老中心，开展了“关爱老人，从我做起”的社会公益活动。孩子们为那里的百岁老人、孤寡老人和患病老人送去了爱心、温暖及慰问品。

孩子们为老人们表演节目，给他们带去了欢乐，发扬了“尊老、敬老、爱老、助老”的传统美德。学生还自发组织到哈尔滨希望小学捐助站，把平时积攒的零用钱与学习用书捐献给了山区需要的小伙伴们，希望他们也能在学校、老师和每一个爱心小朋友的帮助下，幸福快乐地读书！学生自发组织的爱心小分队还走入街区，发起一元售报爱心公益活动，把所得全部收入捐献给灾区。通过活动，紫冰花宝贝们了解了同学之间应该相互帮助，把爱心汇聚在一起，像蒲公英的种子一样播撒出去，传遍每一个角落！

2.“科技集群”增强学生的创新能力

要成为冰雪聪明的紫冰花少年，就要踊跃参加科技活动，为此，学校积极开展校内外结合的科技教育活动。如，学校智云书院每学期开展的“科技节”活动，聘请专家为学生展示讲解科技的奇妙，学生们也把自己一个学期的收获展示出来。学校定期组织学生参观学习先进的科技场馆，如学生们来到黑龙江省青少年科学工作室，开展了体验科技、了解新技术魅力、争做科技时代好少年的活动。在参观黑龙江省科技馆的过程中学生们对科学的兴趣被激发，增强了科学素养、信息素养和创新素养。

紫冰花少年在家门口的一次科技实践行，不仅激发了他们对科技的求知欲和探索欲，而且增强了他们的自豪情和家乡情。

（二）多元文化的交汇融合

1.“民族技艺”增强学生的民族归属感

让学生近距离接触灿烂的民族瑰宝，使他们于惊喜和震撼中滋养深厚的民族情感，并倍感自豪和荣耀。

(1) 版画。版画是将形象刻好后印出呈现，结合不同材料进行巧妙构图，以丰满密集和萧疏简淡的风格衬托表现主题，被鲁迅称之为“一手造就”之画。版画注重对线的造型表现，由点及线、由线及面逐步开展，组合形成简单图案使其具有韵律美、节奏美。版画印刷过程的一些偶然也有可能成为最精彩的一笔，最终印刷成功后，将带给孩子们无与伦比的成就感，这就是版画的魅力所在。

(2)剪纸。剪纸活动的开展让学生了解了民间剪纸的艺术美，发扬了我国民族、民间优秀的艺术传统，增强了学生的民族自豪感。我们在教学中培养学生的观察力与创造力，唤起了学生对民间剪纸艺术的热爱；使学生认识了民间剪纸艺术，学会了运用剪纸的基本技法制作剪纸作品；培养了学生的创造性思维能力和动手能力。

(3)京剧。观看黑龙江省京剧院的专场演出，让学生了解旦丑净生。京剧作为我国的国粹，是中华民族长期积累和发展起来的文化产物，是我们当代青少年应当弘扬的中国传统文化。

(4)皮影。皮影戏作为传统文化的典型代表之一，对其所蕴含的语言、音乐、表演、制作等非物质文化遗产的保护创新有着重要意义。学校以皮影戏保护传承为基础，积极开展社团活动，激发了学生的学习兴趣并调动其积极性。

2.“文化理解”增强学生的文化认同感

哈尔滨融合了中西方经典文化，造就了独具风情的异国建筑文化艺术，常被人们冠以“东方莫斯科”“东方小巴黎”的美称。学生们走近中西文化，既能够增进文化理解，又在比对中了解差异，发现精彩。

道里、南岗区的建筑具有浓厚的西方色彩，其中很多出自外国建筑设计师之手，造型或新奇浪漫，或庄严雄伟，或清新淡雅，或新颖别致，建筑的立面与屋顶变化丰富，讲究砖石的对比和强烈的光影效果，建筑物的色彩不拘一格。建筑风貌汇集了西方巴洛克、古典主义、文艺复兴、新艺术运动、折中主义、犹太风格和俄罗斯木结构建筑，还有一些中国建筑和日本近现代建筑，具有显著的欧洲城市风貌和文化特色。

道外区的几百栋连绵成片的“中华巴洛克”建筑群，是中西文化百年交融的典型代表，具有深厚东方文化内涵和中西合璧的文化特征。它不仅表现出了中西建筑文化交融的特点，而且带有很强的“民俗”味道，这是因为这些建筑的建造多出自民间匠师之手，这些人一直深受民俗文化影响，他们既是中国传统文化的创造者同时又是继承者，他们的创造力及选择的观念就是他们对生活的体验。

中央大街结合了很多流派，所以外国人对哈尔滨留下非常深刻的印象。此外，哈尔滨有比较丰富的西方文化积淀，具有一定的欧陆风情；在中国文化方面也有历史渊源，比如说金朝都城就在哈尔滨阿城区；还有大批山东人曾到东北闯关东，带来中原文化。所以，哈尔滨在中西文化合璧融合性方面应该说在全国所有城市当中是独具特色的。

三、学校文化浸润　彰显冰花活力

学校文化，像空气一样无声无息地影响着学生品格的形成。《中小学德育工作指南》《关于加强中小学校党的建设工作的意见》中指出，要依据学校办学理念，因地制宜开展校园文化建设，让校园处处成为育人场所。加强学校文化和精神文明建设，形成良好校风、教风、学风。积极建设校园绿色网络，开发网络德育资源，开展积极向上的校园网络文化活动。学校一是通过“紫冰花学校文化体系”引领学校德育工作的优质发展；二是建设功能分区的紫色校园环境，为育人目标服务；三是搭建校园绿色网络平台，发挥网络育人的强大功能。

（一）文化体系的价值引领

学校文化虽属于顶层设计，但也需要让身处其中的孩子们深入理解内涵，并自觉转化为自我的意识和行动。

1.丰实生命　创验未来

(与P6“一、校本价值观:丰实生命　创验未来”内容一致,此处不再赘述。)

2.以“办学特色”作为德育工作建设的特色

“多元文化下的智慧生命教育”是学校的办学特色,简而言之,就是基于全视野的早期创新人才培养。全视野立足多元文化,是集天下璀璨文化之大成,建构承载人类文明、跨越各种边界与教育时空的育人模式;创新人才培养注重智慧生命,是育现代公民创新之智慧、顺应培养创新精神、拥有社会责任和实践能力的育人导向。

多元文化:是指人类发展过程中所积淀的优秀文化等文明成果。我们将多元文化进行立体化呈现,用三条轴线组合成一个六维空间,在“古今”的轴线上是传统美德与现代生活的结合;在“中西”的轴线上是中华文化与世界文明的结合;在“内外”的轴线上是自我认知与社会实践的结合。

智慧生命:是指具有能够综合运用已有的知识、信息、技能和方法进行探究的能力,具备提出新方法、新观点的能力以及进行发明创造、改革、革新的态度、信心和勇气,体现的是创新意识、创新思维、创新能力等。智慧生命是对“创新精神”这一重要品质的真实再现,是对钱学森提出的品德与情操、高度智能、创新能力的最佳体现。

多元文化下的智慧生命教育是钟灵毓秀的教育,是站在教育改革的前沿,顺应未来教育的趋势,集古今中外文明成果之大成,通过实施多视角的、大跨度的、长周期的多元文化教育,育全体学生触类旁通之智慧,使学生能够综合性、持续性、创造性地解决各种问题,从而让生命具有高尚的品德和人文情操、卓越的智能和创新能力。

3.以“校训精神”作为德育工作建设的准则

(与P7“二、校训:明德　亲民　至善”内容一致,此处不再赘述。)

4.以“育人目标”作为德育工作建设的追求

“正品行、求真知、怀天下”是学校对学生成长的要求，是强调一个人通过学校的教育，历经从小我走向大我、从自我走向无我的过程，实现从自然人向社会人的转变。

5.以“核心素养”作为德育工作建设的任务

“现代人格、儒雅气质、学习习惯、创新意识、健康身心、全球视野”是学生发展的核心素养，它指明了学校德育工作建设的任务，是培育和践行社会主义核心价值观的具体化。学校德育要从适当的各个方面落实结构层次递进合理、协调发展的学生核心素养体系，发挥德育对学生品德和能力的培养作用。

“现代人格”素养是“明德”之于“谦谦小君子”的具体体现，强调价值观的培育。“人格健全的现代公民”是全体实验人对学生的定位，包括自立自强、拼搏进取、民主精神、责任担当、诚信守规、忠诚感恩等。

“儒雅气质”素养是“修身”之于“谦谦小君子”的具体体现，强调审美情趣的培育。“成为真善美的化身”是全体实验人对学生的期待，包括彬彬有礼、端庄优雅、温润如玉、气宇轩昂、风度翩翩、落落大方等。

“学习习惯”素养是“求是”之于“活力小创客”的具体体现，强调科学精神的培育。“力学如力耕，习惯成自然”是全体实验人对学生的要求，包括专心致志、虚心求教、潜心钻研、常于反思、勤学好问、慎独慎微等。

“创新意识”素养是“亲民”之于“活力小创客”的具体体现，强调探究品质的培育。“思维之理性，创新之果敢”是全体实验人对学生的祈盼，包括批判质疑、触类旁通、思维活跃、通时合变、举一反三、勇于实践等。

“健康身心”素养是“至善”之于“世界小公民”的具体体现，强调身心意志的培育。“搏生命精彩，铸青春辉煌”是全体实验人对学生的鞭策，包括绿色生活、珍爱生命、强壮健美、阳光自信、积极向上、乐天达观等。

“全球视野”素养是“同行”之于“世界小公民”的具体体现，强调国际理解的培育。“与全球比肩，共思想争鸣”是全体实验人对学生的勉励，包括尊重理解、参与合作、胸襟开阔、志向远大、开放包容、不卑不亢等。

六大核心素养从学生的人格、气质、习惯、意识、体魄和视野进行立体的培育，内外兼修，使每个生命全面发展又个性丰满，呈现出“六出冰花，出出鲜明，出出精彩”的培育效果。

（二）紫色环境的功能分区

《中小学德育工作指南》指出，优化校园环境，学校校园建筑、设施、布置、景色要安全健康、温馨舒适，使校园内一草一木、一砖一石都体现教育的引导和熏陶，要充分利用板报、橱窗、走廊、墙壁、地面等进行文化建设。学校高度重视紫冰花文化下的环境营造，通过设置体现人文、科技、多元成长和律动生命多种功能的分区，促进育人目标的完美实现。

1.“人文功能区”涵养谦谦小君子

“人文功能区”建设主要包含两个部分。第一部分是校训石、紫冰花创验之旅、中小学校园文化墙、校园文化长廊等校园文化传承区。该文化传承区承载着学校“丰实生命　创验未来”的校本价值观，是以建设实验学校“精神文化”为核心目标的智育体系，着力打造实验学校的精神特质，希望它像基因符号一样传承给一代代的实验人。

第二部分是支撑学校开设紫冰花课程而建设的班级电子教学系统、国学教室、书法教室、中小学图书馆等功能馆室，这些功能馆室使得“经典诵读”“国学通识”“大学十一讲”等课程和活动的开设有了坚实的承接载体，让紫冰花少年们在德贤斋里品国学、悟百家，在品墨轩中书襟怀、养浩气，用中华五千年的优秀传统文化来丰实自己的生命，逐渐成长为正品行、求真知、怀天下的智慧少年。

2.“科技功能区”激发活力小创客

“科技功能区”的建设是紧紧围绕着实验师生的“物质文化”发展而量身打造的，同样包括两个部分。第一部分是为师生课堂教与学服务的“智慧校园云平台管理系统及教师大数据研修中心”，中心依托哈尔滨教育云平台、校园云平台、互联网+、远程互动教室、数据研修中心五大板块，利用录播教室、大数据研修中心、校园数据控制中心、班级电子教学系统、物理实验室(2间)、化学实验室(2间)、生物实验室(2间)、数学实验室、数字化报告厅(可容纳412人，有全省最大的62㎡LED曲面屏)、数字化会议室(3间)，开展点击课、直播课、实时延时观课、网络议课等系列研修活动，专家领导助力，让实验师生在敬业、乐业、专业的路上探索前行。

第二部分是学校专为紫冰花少年们开设的创意课程实践基地。其中有哈尔滨市最大的创客功能实验区，设有创客教室、机器人教室、云计算机室、航模教室，让紫冰花少年们激发出无限的创意灵感，迸发出亮丽的生命火花。

3.“多元成长功能区”促进学生个性发展

“多元成长功能区”的建设紧紧围绕创建实验品牌的思路，利用已建成的初中数学探究实验室、初中地理全息实验室、学校剧场、音乐教室、陶艺教室、美术教室、学生交流空间等功能馆室，承托每学期的“中华经纬情”课程、“实验雅行”课程、特色社团课程，以多语种教学、多主题鉴赏、多方位交流碰撞、跨学科、跨地区资源整合与社会实践为内容，让学生开阔视野，提升境界。

4.“律动生命功能区”润泽世界小公民

“律动生命功能区”主要为学校特色提供发展的场域与机遇，实验学校希望以点上特色带动面上特色的发展，通过“律动生命功能区”的建设实现学生健康发展，通过“实验雅行功能区”的建设实现学生多元发展，为学校的品牌建设铺筑坚实的道路。

学校建设“律动生命功能区”，是想让学生们知晓生命的意义，将“跑在实验、赢在未来”作为贯穿他们一生的好习惯保持下来。我们认为，身心健康是学生实现多元发展的基础所在。学校建设了篮球馆、体操馆、乒乓球馆、健身房、舞蹈教室、标准田径场、足球场、室外健身区。为了实验学子的健康成长，我们还建设了心理健康综合区和辅导教室，利用每天40分钟“律动生命”课程和健康活动的时间，培养每一名实验师生健康、阳光的身心状态。

（三）绿色网络的平台搭建

《中小学德育工作指南》指出，积极建设校园绿色网络，开发网络德育资源，搭建校园网站、论坛、信箱、博客、微信群、QQ群、钉钉群等网上宣传交流平台。其中，学校建立的钉钉网络平台，方便全校师生线上授课、学习、答疑，通过网络开展主题班(队)会、冬(夏)令营、家校互动等活动，引导学生合理使用网络。《关于培育和践行社会主义核心价值观的意见》也指出要鼓励开展积极向上的校园网络文化活动。

网络开阔了学生的视野，发展了学生的思维，把学生带进了一个科技发展的新时代。网络信息的丰富性、专门性和更新的快捷性，为德育工作带来更便捷的信息，为德育教育提供了更多选择的机会。学校努力让学生在了解和使用“智慧校园云平台管理系统”过程中，拓展生命宽度，将校园网络作为开展禁毒、安全、法治等德育专题教育活动的载体，让学生在积极向上、生机勃勃的校园网络文化活动中焕发生命活力。

1.“智慧校园云平台管理系统”拓宽学生生命宽度

智慧校园云平台管理系统是一个校园内不同业务系统的服务综合集成平台。学校充分利用哈尔滨教育云平台的资源，从校务管理、教学管理、家校互动等方面帮助学校提高教学教务管理效率。结合松北区信息技术2.0的培训项目，为师生打造个性化学习方案，通过试题、微课视频提供学生校外学习平台，通过家校联系平台达到家校协同教育的目的。因为有了“智慧校园云平台管理系统”，教师与教师之间、学生与学生之间、教师与学生之间、教师与家长之间形成了一个互联互动的沟通与交流网络。例如，在学校每天会有一门学科拿出一节录播课进行编辑、整理，传送到云平台，教师、学生和家长能够进行资源共享，完全打破时间和空间的限制，重温课堂。同时这节录播课还将辐射到其他学校及周边地区，甚至可以延伸到省外、境外，实现数据共享。另外，对校本课程还可以进行在线慕课学习，平台上共享了多语种精优课程、国际文化交流课程、STEM（科学、技术、工程和数学教育）课程、财商课程、数学思维课程、机器人课程、航模课程、“国学通识”课程、鉴赏课程、生命体验课程等一系列精品课程，有了云录播，学生等于把更多的优秀教师和优秀课程请回了家。

可以说，“智慧校园云平台管理系统”为全校师生提供了突破时空、地域和思维限制的个性服务，实现了在管理、教学、研修、资源整合、平台交流、家校互动、远程教育、国内国际交流等多方面的合作，让校园内外的教育参与者联通在一起，提升了教师的教学高度，拓宽了学生的生命宽度，让整个校园呈现出异彩纷呈的景象。

2.“校园网络文化活动”净化学生道德思想

结合我市青少年学生毒品预防教育工作的实际，组织我市青少年学生参加全省禁毒知识竞赛网上答题活动。

哈尔滨市实验学校的老师们通过微信进行广泛的活动宣传，帮助青少年学生进一步学习毒品常识性知识，认清毒品危害，掌握防毒技能，不断提升青少年学生参与禁毒社会实践的能力。利用网络资源，组织学生进行学习和完成网上答题活动。

创一份厚重的家业，育一方丰硕的桃李，建一支育慧的团队，做一世无悔的教育。我校全体教师必将认真贯彻教育方针，牢记教育初心，不忘教育使命，在工作中践行为人师表的高尚师德，弘扬“明德　亲民　至善”的实验精神，做莘莘学子良好道德的培育者，为实验再上新台阶而不懈奋斗。

课程养德

人文书院

一、人文书院简介

书院理念：人文书院围绕语文、英语、政治、历史与社会各学科，开展以国家课程为基础的校本化实践，开展以价值观和跨学科融合为核心的鉴赏课程，开展以体现“互联网+”和创意表达为特色的创意课程全面建设与管理，致力于聚焦中华文化和世界文明领域，渴望培养学生的学习习惯和创新意识。它希望通过文化浸润来增加学生的人文底蕴，培育学生的人文情怀。定位于聚焦中华文化和世界文明领域，培养学生的学习习惯和创新意识，重点指向学生人文方面的发展，最终实现立德树人的教育目的。让紫冰花少年们在人文书院的课程中，树立好个人品德，成为合格的国家公民；树立起社会公德，做对社

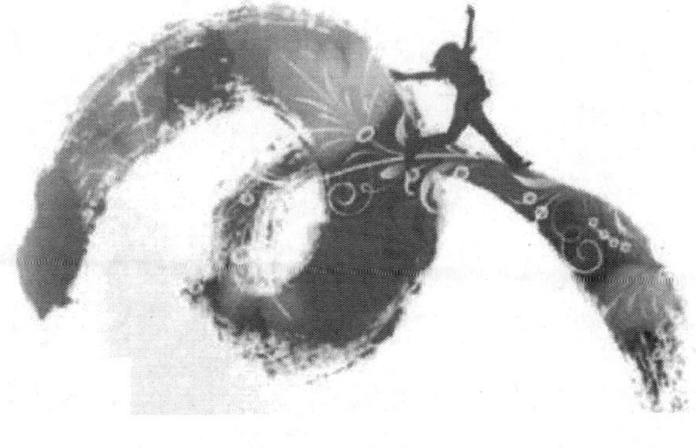

人文书院图徽

会有用之才；树立成国家大德，做国之栋梁。用多元文化的课程载体，滋养学生心灵之“德”，用显性的教育手段，立人之必备品格。培养具有世界眼光、胸怀家国的“正品行、求真知、怀天下”的智慧少年！

二、大学十一讲

（一）课程宣言

阐《大学》之正传　为儒家之心印

（二）课程目标

学生目标：熟读《大学》，理解背诵；领略大义，传承文化；完善人格，气质儒雅。

教师目标：涵养师德，提升师能；育慧团队，全力打造。

学校目标：温暖生命，全方培育；立足多元，建构课程。

（三）课程简介

“大学十一讲”课程是诠释我校的校训、解读中华传统文化瑰宝《大学》的课程。通过实验学校领导的高瞻远瞩，崇贤馆等国学专家的高端助力和主讲教师的刻苦钻研，本课程的主题定为“大学十一讲”，分别从“明德”“亲民”“至善”“格物”“致知”“诚意”“正心”“修身”“齐家”“治国”“平天下”共十一个学习单元进行讲解。根据不同学段学生的不同特点设置了课程框架与结构，低年级的学生认知水平比较低，就侧重诵读，高年级更注重创造性的理解。

1.“大学十一讲”之“文字门”

初级阶段：过文字门。本阶段重在引导学生了解文法，以学会诵读为主。授课教师通过注解法、层次法、背诵法，帮助学生了解他人对《大学》的注解，并对重点文字进行自注，运用声诵、默诵、心诵多种背诵方式，循序渐进地学习《大学》中的三纲八目。本阶段的重点内容为诵读，在文法的解读上不做过多、过深的讲解。只梳理大意，让学生们准确把握诵读的停顿、重音。第一讲、第二讲的主讲教师张晓辉、苏杭重点在诵读的节奏、韵味上加以指导，让学生了解文字背后的内涵。

2.“大学十一讲”之“行事门”

中级阶段：过行事门。本阶段重在引导学生学习《大学》行为法则，学生通过威仪法、慎独法、正言法、知止法、先后法、始终法，理解《大学》修身的核心，进而规范自己的言行。如第三讲中，刘翠老师以古人勤学的动画视频——韦编三绝，来激励紫冰花少年要勤奋好学，志存高远。在老师们的引导下，学生们徜徉在《大学》的世界中，主动探求内容的深意，逐字逐句地理解其中的内涵，成为一个个“小老师”，不仅自己熟读《大学》，还能够和老师家长们讲《大学》，用大学之道指导人生。

3.“大学十一讲”之“心意门”。

高级阶段：过心意门。本阶段重在引导学生学习《大学》心法，通过调整、完善自己的意识活动，运用明德法、本末法、思得法、静默法、专一法、执中法、中和法，把修身精髓内化到思想意识当中。如第六讲中，王婉老师用杭州一家人葬身火海的视频来印证人心不足蛇吞象，从而证明了态度不同，结果也不同，态度决定一切的道理。《大学》之道既要有讲师们的精神引领，更需要社会、家庭、学校的配合协作，让一种思想指导一种行为，让一种行为成为一种习惯。

“大学十一讲”课程，以《大学》精髓为指导，于根本处引导学生，丰实学生的生命内涵，让学生走进国学经典，以德修身。在每日的诵读中，在每讲的讲解中，《大学》中的智慧与内涵将永远熔铸在紫冰花少年的骨髓里。

（四）课程效果呈现

“大学十一讲”校本课程启动仪式

开讲仪式讲师寄语

师生齐诵《大学》

“大学”之思

——哈尔滨市实验学校“大学十一讲”之第四讲

班级：六年二班　　姓名：崔靖旭

今日我之思

“大学之道，在明明德，在亲民，在止于至善……”今天，我聆听了闫老师讲解的大学十一讲中的第四讲，我明白了做人做事要有原则，要懂得感恩和换位思考。《大学》里蕴含的道理，是值得我一生去努力追求的。我也会通过自己的努力，领悟大学之道，向谦谦小君子看齐。

“大学”之思

——哈尔滨市实验学校“大学十一讲”之第四讲

班级：六年二班　　姓名：高熙镭

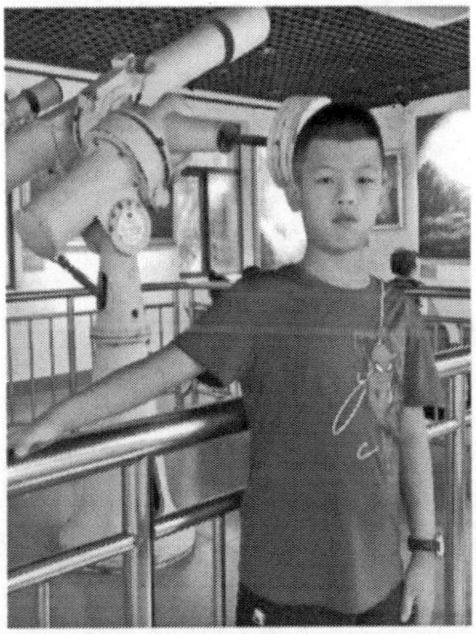

今日我之思

“所谓修身在正其心者，身有所忿懥，则不得其正；有所恐惧，则不得其正；所好乐，则不得其正；有所忧患，则不得其正。”通过大学十一讲我明白了修身在于使自己的内心纯正，如果心中有怨恨，有恐惧，有喜好玩乐，有忧患，就不能使内心纯正。

因此，今后我们要把握好心态，拥有正确的思想观价值观。

学生学习感悟

三、国学通识课程

(一) 课程宣言

经典融入血脉　文化浸润心灵

(二) 课程目标

⑴基于不同年龄段孩子的成长需求，设置有层次、有梯度、有差异的课程框架与结构。

⑵学习诗教、经典、汉字、史学、实修、声律启蒙、武术启蒙七大主题的内涵。

⑶领悟集圣贤思想之大成，从而开展“智慧生命教育”。

⑷感受文化魅力，厚植文化底蕴，陶冶思想情操，形成健全人格。

(三) 课程简介

各年级国学负责人尝试运用多种教学方式，探寻精妙的课堂设计及实施方式，研究出国学通识课堂的教学模式。

1.国学通识课堂之“诵读课堂”

国学通识课堂，最基础也是最必要的课堂形式便是“诵读”。首先，国学教师在诵读的引入方式上，充分利用故事引入的方式，以激发学生的诵读兴趣。如在学习《乌衣巷》这首诗之前以“燕子筑巢”的故事作为引入，让孩子们顺着有趣的故事理解诗中作者的情怀。其次，在文本阅读的过程中，采取了自读、齐读、示范朗读、分组诵读、领读、配乐范读、师生齐读、学生赏读、入境比读等诵读方式，让学生通过多种形式的诵读体验领会诗意。最后，在“诵读课堂”上，产生一种条理清晰的教学模式：生演诵—齐声诵—聊诗意—演诗情—探诗旨，让孩子在诵读与表达的过程中展现自己的无穷智慧。

2.国学通识课堂之“演绎课堂”

在国学通识课堂上，上课教师及所教班级的学生不但能背诵，而且能够理解运用，且运用自如，花样翻新。我们把国学教育与学生的习惯养成教育结合起来，收到了良好的效果。国学操、课本剧、诗词诵读、唯美舞蹈等，形式多样，内容精彩，为全校学生乃至家长奉上了一道“国学”盛宴。例如，在王佳玥老师讲“史学”部分《班超传》的时候，孩子们自己演起了历史剧，这样能够更深刻地记住历史人物和事件，让历史知识生动起来。

3.国学通识课堂之“情境课堂”

教师为了使学生能够更深入地了解教材，还会有目的地引入或创设具有一定情绪色彩的、以形象为主体的、生动具体的场景，以引起学生一定的情感体验。例如，为营造浓厚的国学学习氛围，在国学教室的布置上很是讲究，古朴的书桌，以《大学》为底蕴的教室布置加之孩子稚嫩的读书声交织在一起，震撼人心。

教师还注重在教学活动中设置语言描绘、模仿等环节，寓教学内容于语言表达、具体情境之中，起到潜移默化的暗示作用，让学生学习知识的同时，端正品行。

国学通识课堂中因为采用了多种多样的教学方式，使学生能够主动、自然地融入到课堂学习中去，通过听、说、读、写、演等多种感官刺激与学习体验，全方位地感受国学文化的魅力，让自己的言行举止深受国学文化的感染，最终在课堂中可见国学，在校园中可见国学，在生活中亦可见国学。

（四）课程效果呈现

“哈尔滨市社会主义核心价值观进校园”现场会上“我的第一本线装书”一课

哈尔滨市“美德少年”暨第二届未成年人中华好诗词诵读大赛颁奖典礼上演绎“八佾之舞”

在“哈尔滨市社会主义核心价值观进校园”现场会上展示“我的第一本线装书”

国学节闭幕式上的舞狮表演

四、华夏纪风课程

(一) 课程宣言

畅谈神州大地　品味华夏风采

(二) 课程目标

基于初中学生的知识认知能力，设置内容丰富、形式多样的课程框架与结构。

围绕中国地理的相关知识拓展关于人文历史方面的知识脉络。

通过了解中国的地大物博，南北东西的地理差异明显因而产生的在建筑、农业、工业、语言、习俗、饮食等方面的不同，真正领悟“一方水土养一方人”。

感受各地不同的文化魅力，增强民族自尊心、自豪感和自信心。

(三) 课程简介

华夏纪风，即为记录神州大地的风采。该课程主要依托于初中地理课程中的中国地理部分，并且该课程更加倾向于对人文地理的补充。初中地理受到教学时间的限制，仅仅学习两年且大多以感性知识为主，尤其是中国地理的部分，由于受到学业水平测试的影响，在对八年级下册中国地理——区域地理部分进行讲解时，大多会以会考知识点为主，没有过多的时间去拓展相关的课外知识。但是作为一名中国人，我们更应该去深入了解我们脚下的祖国大地，基于此种情况，华夏纪风课程应运而生。

1.华夏记风课程之“感知课堂”

华夏记风课程，最基础也是最必要的主题知识脉络依然是地理知识，但是由于学科的特殊性，我们并不能真正做到带领着孩子每一节课做实地调查，所以在课堂中讲师会尽力塑造一个更有代入感的环境，充分调动学生的五官感知。首先就是在外围感知上下功夫，比如在教室中张贴风景明信片、在桌子上摆放有当地文化特色的摆件等等。如在学习巴蜀的相关文化时，会给学生发放川剧特色的“变脸娃娃”、三星堆青铜文化相关的摆件等等。其次，借助现代的电子信息技术，通过观看纪录片等影音方式让学生更生动直观地对某一地进行深入了解，同时还可通过地方戏等和一些有趣的地域现象进行讲解。比如，在介绍江南时，讲师吟唱了一段苏州评弹，整节课的背景音乐都是以吴越地区传统的小调一以贯之，让学生能更好地体会小桥流水的细软与轻柔。除此之外，华夏纪风课程未来将引入VR(虚拟现实)技术，力求让学生得到更好的课堂体验。最后，除了视觉和听觉以外，充分调动味觉也很重要，选择合适的特色零食与学生一起分享，再由此展开对某一城市或某一地方的讨论同样会带来很好的课堂效果。

2.华夏记风课程之“分享课堂”

在华夏记风课程上，讲师精心设计了一系列的课堂活动环节，让课堂真正做到双向输出，让学生可以足不出户了解华夏文明，让学生做课堂的主人。在对某一地点进行探索与学习时，教师给了学生充分的展示平台与时间，首先大家围坐在一起共同去聊聊“你眼中的它”，如果去过更是要与大家分享所见所闻以及行程中的小故事，通过一段段的故事，我们一起去探讨背后的风土人情以及成因。讲师还设计了辩论赛、角色扮演等游戏环节，比如在讲到黄河流域时，就黄河的治理做出讨论。除此之外，在每节课过后，都会有学生自行制作一张城市明信片或进行一些趣味动手活动，比如在对洛阳的学习中，讲师就和学生一起进行了“挖宝考古”的活动，穿梭千年从亲手出土的“文物”中去体味泱泱华夏的文明。

3.华夏记风课程之“方言课堂”

方言一直以来都被誉为是文明的活化石，自古以来中华民族语言系统中的“南繁北齐”就与我国独特的地形地貌有着不可分割的关系。而且方言相较于普通话而言，它背后往往蕴含着更多的故事与浓浓的乡情，不管身在何处，我们终会望向归途，因此在华夏纪风的课程中专门的一个板块就是讲解各地的方言，它既是我们了解各地地域文化的窗口，又是我们对乡情的一份寄托，在这个板块中讲师不仅仅是让学生将眼光放出去，更多的是希望他们在未来的人生中对家乡始终存在一份情谊，为人做事不忘本，不忘自己的初心。

在华夏记风课程上，主讲教师会带领学生共同探索神州大地的神秘，体味华夏文明的灿烂，通过电子信息技术的辅助，在课堂中还原城市的大街小巷，在感叹大自然鬼斧神工的同时，探寻当地因独特的自然地理条件而形成的人文景观、文化内核、神话传说、民俗风味、特色小吃等等。除此以外，乡土感情的培养、爱国情怀的抒发以及人地协调可持续发展的理念也在课堂中潜移默化地一一体现。

(四) 课程效果呈现

学生自制地区明信片

通过明信片直观感受城市地域文化

华夏纪风课程招募现场

五、经典诵读课程

(一) 课程宣言

丰厚文化底蕴　润泽学生心灵

(二) 课程目标

(1) 陶冶道德情操：让学生在古诗文诵读中体悟古人的道德魅力及理念。

(2) 积淀文化底蕴：通过诵读经典篇目，积累大量中华文化知识，丰富紫冰花少年的文化底蕴。

(3) 涵养儒雅气质：腹有诗书气自华，大量的古诗文篇目诵读使学生提升内在文化气质，促进课程对学生心灵的无声浸润。

(三) 课程简介

把历史上传承下来的许多文化经典引入到校园中来，引入到课堂中来，让学生从小就接触“最有价值的书”“永恒之书”；再者，中小学阶段是语言学习和精神成长的关键时期，指导学生开展经典诵读活动对于提高语文教学质量、传承中华文化、铸造民族精神具有重要意义。学生在朗朗书声中，在默默涵泳中，诵读于口，濡染于心，既促进了文学积淀，又陶冶了人文修养。不同学段有不同要求，各学段在课题组整体规划下均衡发展。在此背景下，我校的经典诵读课程应运而生。

经典诵读课程是诵读中华经典古诗文，践行“文以化之　以文化之”的课程。经典诵读课程的框架与结构，完全遵从由易到难、由少到多、由简到繁、由浅到深的原则进行设计，满足从一年级到九年级各个年级学生的所需和所求。此课程面向全体学生开设。

实验学校语文组教师在学习并掌握了经典诵读的层次和学生发展轨迹的基础上，聘请语文专家共同设计方案，制定了经典诵读课程诗文取材方向和编排原则，梳理了适合一年级到九年级学生诵读的经典诗文讲本。力求让每一个阶段的紫冰花少年都能够在不同的课程内容设置和方式方法的灵活多变上体味到经典的魅力。

语文组教师通过实践、反思，探讨出循序性、自主性、激励性、榜样性、个性化的授课原则，使紫冰花少年在经典诵读时，始终保持对经典的热情、新奇、敬畏，最终形成厚重的文化底蕴。

清晨诵读早已成为紫冰花少年们永不变更的首要任务。学生们能够从小学入学的那一刻，就跟随着博大精深的经典诗文不断循序渐进地成长。经典的浸润使实验学校的紫冰花少年气质非凡、儒雅从容，“但愿人长久——中国唐宋名篇音乐朗诵会”上，一、二年级的孩子们与诗词相约，谱写实验乐章，“经典诵读诗词吟诵大会”上，六年级的紫冰花少年们也在以自己的方式展示着千古文化。实验学校的独特基因符号在紫冰花少年身上打下了深深的烙印。

（四）课程效果呈现

学生每日清晨诵读

全校师生齐声诵读《大学》

“但愿人长久——中国唐宋名篇音乐朗诵会”学生诵读展示

“经典诵读诗词吟诵大会”2018 级学生诵读展示

“经典诵读诗词吟诵大会”2020 级学生诵读展示

六、巧手编织课程

(一) 课程宣言

陶冶爱美情操　感受劳动乐趣

(二) 课程目标

(1) 学习了解编织的基本方法，并能利用钩针进行编织。

(2) 促进学生提高对生活物品和自己周边环境的审美能力。

(3) 培养学生耐心细致、持之以恒的劳动态度，感受劳动的快乐。

(三) 课程简介

编织是一门综合艺术。它在增强学生的审美情趣的同时提高了学生的动手能力，丰富学生课余生活的同时陶冶了他们的情操，让他们心灵手巧的同时激发了他们的自信心和成就感。

课程之所以选择钩针作为主要工具，是因为钩针历史悠久，在我国有着丰富的文化底蕴，二十世纪七八十年代，可以说人人皆知钩针艺术，但是随着社会的发展，人们在享受高度工业化成果的同时，也逐渐冷落了、丢掉了传统的手工编织艺术。现在的学生无论是在校园里还是在家庭中，平时都难得有机会动手编织自己喜爱的东西。开设这一课程，通过一系列手工编织活动，在弘扬和传承了民族文化的同时，也培养了他们耐心、细心的学习品质，提高了学生的观察力、创造力，从而使他们更加热爱生活，在生活中发现美、创造美，用自己的双手编织美好的未来。

考虑到本课程主要针对的是小学2年级至5年级的学生，他们年龄较小，缺乏耐心，课程初步确定钩针艺术教育以最基本的3个针法——辫子针、长针、短针为主，在这些针法的基础上加针、减针进行简单的创作，编织出较为简单的作品，如蝴蝶结、杯垫、小鱼等。同时，如果每节课一直都是用钩针在编织，学生们很容易对编织课程失去兴趣，所以，在课程设计时，穿插了一些和毛线有关的手工编织课程，如利用毛线做小毛球、用毛线做小帽子等，效果非常好。在这个过程中，学生的动手能力明显提高，在使用钩针的过程中左右手配合得越来越娴熟，对编织也更加有耐心、有兴趣了。

（四）课程效果呈现

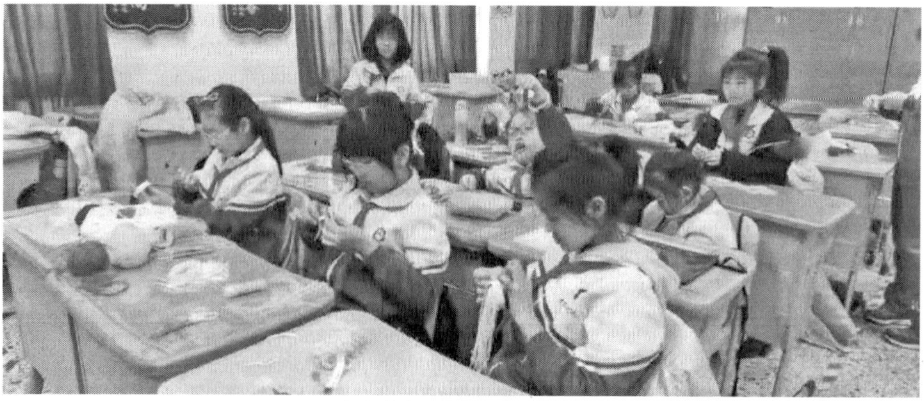

学生在教室上巧手编织课

学生在进行钩针基本针法的学习，图中右边的同学虽然少了一根手指，依然克服困难认真练习

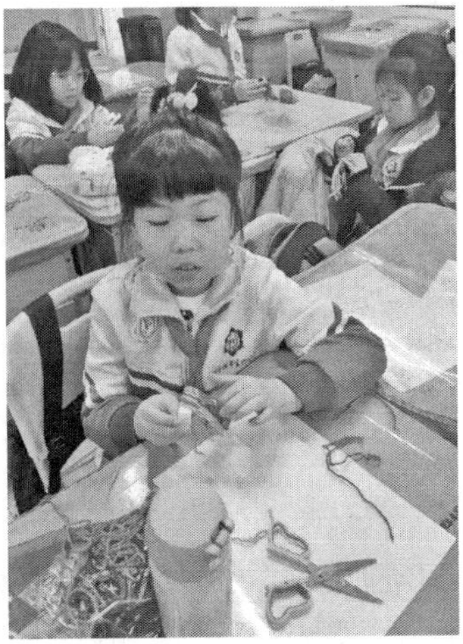

学生在用毛线编织小帽子

七、小小讲解员

(一) 课程宣言

人事有代谢　往来成古今

(二) 课程目标

(1) 通过小小讲解员的系列课程，厚植爱国主义情怀，让爱国主义精神在学生心中扎根，同时充分发挥博物馆“全国爱国主义教育示范基地”的作用，加快中华民族伟大复兴中国梦的进程，为社会主义新时代培养新生力量。

(2) 以讲解员课程为基础，旨在培养中小学生的综合实践能力、语言表达能力、临场思辨能力。让中小学生牢记历史，热爱历史，感悟历史，热爱生活。

(三) 课程简介

历史是活的，从未停止。小小讲解员课程以历史知识为基础，教师尝试将过去、现在以及未来以讲解的形式连接起来，同时在教学过程中采用图像、音频、视频、网络等现代媒体教学，旨在提高学生的学习兴趣和教学效率。

1. 小小讲解员课程之纪念“一二・九运动”学生演讲培训

1935年12月9日，北平数千名学生冒着严寒聚集在新华门前，向国民党请愿。他们高呼“打倒日本帝国主义”“反对华北自治”“停止内战，一致抗日”等口号，并举行示威游行。2020年，为纪念“一二・九运动”85周年，使同学们树立历史责任感和家国使命感，厚植爱国主义情怀，弘扬社会主义核心价值观，哈尔滨市实验学校开展了“红色记忆　血脉传承”——纪念“一二・九运动”学生演讲活动。哈尔滨市实验学校的王子墨、关嫒、胡天鸿为实验学校全体师生带来了精彩演讲。

针对本次学生演讲活动，在小小讲解员社团课上，教师在演讲内容、语言表达、形体训练和声音塑造等方面，对学生进行系统培训。此外，播放“一二・九运动”纪录片，以纪录片为载体还原85年前血雨腥风的岁月，培养学生们的爱国情怀。

本次培训通过历史知识学习和实践演练相结合的方式，进一步提高了学生对演讲的整体认识，清晰讲解定位、激发演讲激情。小小讲解员课程之纪念“一二・九运动”学生演讲培训，一方面为学生提供了学习和展示自我的平台，丰富了同学们的课余生活，另一方面激发了实验学子的爱国主义情怀和爱国热情。

2. 小小讲解员课程之讲解培训——以侵华日军第七三一部队罪证陈列馆为依托

日本细菌战部队遍布中国东北、华北、华中、华南及南洋各地，其支队及支部覆盖大半个中国，而设在哈尔滨的规模最大的七三一部队是日本细菌战研究及指挥中心。其现存遗址是当今世界上保存的世界战争史上规模最大的细菌战遗址群，是日本军国主义者在中国研制并使用细菌武器残杀中国抗日军民及世界反法西斯志士的重要罪证，是野蛮、残暴、凶恶的日本侵略者给人类带来巨大痛苦的见证。这一特殊的历史遗存是对国人，特别是青少年进行爱国主义教育、国防教育的极好场所，有助于进行反法西斯教育，维护人类和平和稳定。

七三一遗址是中国重要的爱国主义教育基地、世界反法西斯教育基地、中外闻名的人文旅游地、红色旅游基地及国家文物保护单位。教师在授课时一方面强调遗址的重要性，以七三一部队罪证陈列馆内容为依托，利用课件和多媒体资源走进七三一部队罪证陈列馆；另一方面通过学习和讲解锻炼学生的语言表达能力和综合实践能力，激发学生团结奋进、奋发图强的民族精神。

小小讲解员课程之纪念“一二·九运动”学生演讲

八、邂逅俄语　走进俄罗斯课程

(一) 课程宣言

走进异域国度邂逅俄语，感受文化交融碰撞火花。

(二) 课程目标

⑴针对学生对俄语学习的需求，开设有助于提高学生背记单词和文章能力的相关课程，让学生对语言有更加立体的认识。

⑵学习有关俄罗斯历史、文化、国情、民俗等与教育教学紧密相关的知识内容。

⑶培养学生正确的价值观和爱国情怀。

⑷感受外国文化魅力的同时丰富自身汉语文学底蕴，追求学生的全面发展。

(三) 课程简介

1. 邂逅俄语　走进俄罗斯课程之“节日文化课堂”

由于学生对节日都有着浓厚的兴趣，并且在课程开始之初正值我国国庆佳节，所以本课主要采用现实背景导入的方式，通过对比我国的教师节、十一国庆节、春节等等提问学生们关于我国这几个法定节日的历史背景和相关内容，进而引出俄罗斯的相关节假日：胜利日、知识节、男人节、谢肉节、圣诞节、新年等。在讲授新课时，为了突出课程的知识和技能目标，首先

俄罗斯圣诞节的“严寒老人”和“雪姑娘”

引导学生自主探究，让学生自主思考相关的概念，引出当堂课的教学重点，相关节日的历史背景、庆祝形式和风俗习惯。

这种方法既体现了新课改中以学生为主体的思想，又调动了学生学习的积极性。

2. 邂逅俄语　走进俄罗斯课程之“饮食文化课堂”

在对俄罗斯饮食文化的讲解上，同学们显示出空前的热情，众所周知俄罗斯是一个“甜食”和“肉食”国度。俄罗斯人爱吃甜食，街头巷尾随处可见的甜品店，里面的甜品精致且甜腻，各大超市的糖果和巧克力柜台也是人头攒动。相比甜食，俄罗斯人更喜欢吃肉，俄罗斯香肠里的肉块都是肉眼可见的大颗粒，无论餐馆还是咖啡厅都能点上一份大肉串，好吃又不贵。在俄罗斯如果想买肉很方便也很省钱，但是想买菜的话，可是要费些时间和金钱，甚至还有很大可能买不到。

走进俄罗斯课程之“饮食文化课堂”

3. 邂逅俄语　走进俄罗斯课程之“民俗文化课堂”

在给学生讲解各种各样文化的同时，教师更渗透了与俄罗斯人交往中需要注意的一些当地的风俗。比如说，很多人称俄罗斯这个国家为“战斗民族”，会有人认为他们把熊当宠物，打架不含糊，喜爱喝酒，工作效率低，等等，这其实都属于一些刻板印象，而教师要做的，就是让学生更加了解俄罗斯，让学生因为学习俄语而喜欢上这个国家，更因为了解这个国家而热爱学习这门语言。

俄罗斯胜利日

在生活中我们和俄罗斯有很大的文化差异，例如我们在送花的时候选择送双数，甚至在送任何礼物的时候都讲究一个好事成双。但是如果你送俄罗斯人双数的花，那就是犯了大的忌讳，因为在俄罗斯双数的花是送给逝去的人的。还有一些诸如叉子落地表示有女客人到访，刀落地表示有男客人到访等等的民俗历史渊源，教师都会为学生们一一去讲解，这不仅对他们学习俄语，了解俄罗斯文化有帮助，对拓宽他们的知识视野和培养自主学习能力也有极大帮助。

九、英语话剧

(一) 课程宣言

走进英语文化　感受话剧风采

(二) 课程目标

⑴ 了解西方文化和话剧文化的广博，提高学习英语的兴趣，增进文学修养。

⑵ 掌握正确的语音语调，并能够运用正确的语音语调来进行英文话剧的表演。

⑶ 在表演中提高英语应用能力、团队合作能力和创新能力。

⑷ 提升自信、彰显个性，促进学生全面发展。

(三) 课程简介

英语话剧课程主要针对有一定英语基础，喜爱表演并对西方文化感兴趣的学生。本课程以西方经典话剧为文本，通过表演的形式提高学生英语听说的能力和团队合作的意识。同时，课程讲师也会以“课程前—课程中—课程后”的三种模式带领学生解决语言和表演问题。

1. 课程前的准备工作

英语剧本的选择会以参加的人数和学生现有的英语水平为基础，选择几本适合学生表演的剧本。兴趣是孩子最好的老师。最后会以民主的方式选择一个剧本进行表演。讲师也会找一些相关的表演视频让学生观看并模仿。由于剧本是英文的，所以面对不会准确发音的生词，学生们会以查阅字典、寻求他人帮助等方式解决语言障碍。

2. 课程中的表演工作

解决完语言障碍后，接下来就是彩排和表演的工作。讲师会根据学生自身的意愿和他们的综合素质来挑选合适的角色，在整个表演的过程中会分三部分进行。首先是对稿，学生们会根据角色的分配对人物的对话和情境进行初步的了解。其次是彩排，在这一部分中，学生可以根据剧本的内容自由地发挥和想象动作、表情和语调。讲师也会对其进行合理的调整。最后是表演，学生们会以脱稿的形式并加上自己的肢体语言将最后彩排的内容连贯性地一次演完。

3. 课程后的总结工作

在表演结束后，讲师会让大家对这一次的话剧表演进行总结。比如，从剧本中你学到了什么，你是否喜爱自己扮演的角色以及他们都有什么样的特点等。讲师也会利用这个难得的机会，对学生进行德育教育，让他们学会判断好与坏、美与丑，并告诉他们团队合作的重要性。

(四)课程效果呈现

学生们在解决剧本中的生词和发音问题

彩排和表演中，学生们根据对剧本的理解，进行脱稿表演

表演后的总结，学生们向他人分享自己的收获和感悟

雅美书院

一、书院介绍

(一)雅美书院课程介绍

1. 书院理念

哈尔滨市实验学校秉承着“多元文化下的智慧生命教育”这一办学理念,开展丰富多样的校园文化活动。雅美书院聚焦传统美德和现代生活领域,培养学生的现代人格和儒雅气质,重点指向学生品德和艺术方面的发展。课程涵盖了培元课程、鉴赏课程、创意课程。培元课程以巩固音乐、美术学科的基础为本,强调学生基础知识和基本技能的培养,受众群体最广。为了提高学生的

雅美书院图徽

艺术素养；鉴赏课程和创意课程以走班制的社团课程和艺创课程为主。雅美书院课程推送质量高，讲究艺术审美，综合考虑教师的专业能力和学生在课程中的成长，设定以学期为单位的阶段目标，注重对课程的长期规划与轨迹材料的积累和存档。期末课程汇报、创意类课程将以作品展的形式呈现。鉴赏类课程为学生提供舞台，激励每一位课程的参与者，见证自己的成长变化。

2. 课程布局

雅美书院课程布局

课程形态	课程领域	素养领域	课程名称	负责老师	涉及学年	周课时
鉴赏课程	现代生活	明德修身	“乐乐”合唱	赵　馨	2～5年级	2
			“紫冰花”舞蹈	郭世伟	2～3年级	
			“丝语”琵琶	侯雨彤	2～6年级	
			“粉墨”戏曲	赵明丽	2～6年级	
	中华文化		“艺想天开”名作解读	曲　睿 王明歌	2～6年级	
创意课程	现代生活		“QA”速写人物	虞　申	3～5年级	

二、走进课程

(一)“乐乐”合唱课程

1. 课程宣言

音乐承载着生活中所有的美好。

2. 课程目标

(1) 帮助学生了解什么是歌唱。

(2) 掌握科学的发声方法。

(3) 提升学生对音乐欣赏的审美能力。

(4) 通过歌唱体验真、善、美。

3. 课程简介

学生群体:“乐乐”合唱课程开设于2018年9月,采取走班制,利用每周二13:50至15:10进行,面向2~5年级学生。

授课内容:每一位孩子都是小小歌唱家,但并不是每一位孩子的歌唱潜能都会被发掘出来,我们的“乐乐”合唱课程就是在做这件事情。发掘孩子们美妙的声音,经过老师细致的雕刻和打造,让几十名同学组成小小天籁合唱团。从中,孩子们会懂得什么是歌唱,如何正确运用气息歌唱,具备分辨声音的能力、提升团队合作意识、锻炼声音的控制力,通过歌唱去体验真、善、美的同时,享受歌唱带给他们的快乐。

授课方式:课程的设计较为灵活,这就要求教师要有鉴别作品类别的能力,选择适合孩子们演唱和表演的歌曲。多欣赏、谈感受,每个人的想法一定都不同,用联想、畅谈的方式进入每一首作品中。合唱最重要的一点是“唱谱子”,通过唱谱,巩固不同的节奏及歌曲风格,从而也为接下来的歌曲演唱奠定基础。

我们的合唱课中,充分给予每位学生足够的空间展示和发挥,每节课中教师都会为孩子们带来不同的歌唱游戏或节奏游戏,孩子们“玩着玩着”音乐知识点就掌握了。这样的课程设计让孩子们总是觉得,为什么合唱课时间这么短?

授课目的:合唱是一种群体艺术,需要具备很强的团队精神和责任感。开设合唱社团的目的也是发掘紫冰花少年们的歌唱潜质,将热爱歌唱的孩子们聚集在一起,启迪心智,培养集体主义观念,净化孩子们的心灵。让孩子们练就一双“好耳朵”,学会分辨不同的声音特点,懂得更多的音乐知识,体会合唱的魅力。

4. 德育成果

(1) 艺术素养。

“乐乐”合唱课程展示

平日教学中的点滴，体现出了孩子们较好的艺术素养，也提升了自身的德育品质，发现歌唱美、民族美、祖国美、世界美。

⑵活动展示。

雅美书院进行合唱课程展示，演唱《大中国》《听妈妈讲那过去的事情》

休学式雅美书院进行合唱课程展示，演唱《街头少年合唱》

(二)“紫冰花”舞蹈课程

1. 课程宣言

今日的苦痛必定是日后成功的资本。

2. 课程目标

(1) 通过下腰、开叉、前桥等进行软开度的训练。

(2) 通过肩倒立、胸倒立、前呛脸、后呛脸、前桥、后桥、侧手翻等进行开范训练。

(3) 通过秧歌剧目的排练与展演，解决手绢技巧问题，继续强化基本功，让学生在表演中找到自信，培养合作精神，增强学生对舞蹈的学习热情。

3. 课程简介

课程成立于2016年9月，采取走班制，利用每周二13:50至15:10进行，现有学员24人，均为2～3年级有舞蹈基础的学生。

“一举增形艺，一转添晖成”，每一个孩子的举手投足之间都蕴涵着背后的苦痛和坚韧。

世伟老师说：“没有扎实的基本功，再花哨的动作都只是群魔乱舞。”所以在舞蹈课程中，除了进行压和踢前、旁、后腿，压小胯、大胯等常规基本功训练，又开设毯子功——前呛脸、后呛脸、肩倒立、胸倒立、前桥、后桥、侧手翻等技巧训练。

这一阶段虽略枯燥，也会感到疼痛，但这都是为日后打下扎实的基础。通过一系列的训练，也培养了他们坚韧的好品质。随后的剧目排练使学生之前进行的技巧训练得以更好地应用。

想要跳好舞蹈必须经历艰辛且漫长的训练，专业严格的训练使学生们的技艺日趋成熟，也让“紫冰花”舞蹈课程成为传承艺术工作室的品牌课程，现升级为哈尔滨市实验学校紫冰花舞蹈团。相信在世伟老师的带领下，他们一定会走向更大的舞台，终有一天，所受的苦将照亮他们的路！

4. 德育成果

展示课“‘舞之翼’——基训课”

校运动会大型团体操《紫冰花开》

舞蹈课程成果展示

哈尔滨市第二届未成年人中华好诗词诵读大赛颁奖典礼演出国学舞蹈《八佾之舞》

赴山东省录制国学春晚，与李丹阳老师同台演绎《中华书法》

(三)“丝语”琵琶课程

1. 课程宣言

转轴拨弦三两声　传承经典琵琶情

2. 课程目标

(1)通过对琵琶的演奏姿势及摘戴义甲的学习与训练，养成良好的弹琴习惯。

(2)学习右手“弹、挑、分”、左手按音等基础指法，能够左右手相配合，完整演奏乐曲《粉刷匠》《新年好》。

(3)通过琵琶课程的学习，加深对琵琶的了解，激发学生学习琵琶的兴趣。

3. 课程简介

学生群体：课程开设于2017年3月，每周二下午13:50至15:00进行，现有学生18人，由2~6年级学生构成。

授课内容："丝语"琵琶课程旨在通过循序渐进地学习，让学生对琵琶有所了解，并产生兴趣。以基本演奏姿势的矫正及基础指法的学习、巩固与运用为主。在对琵琶的历史、构造及演奏方法有了初步了解后，教师亲自示范一些经典曲目，在美妙古音中，带孩子们走进了"弹拨乐器之王"的神奇世界。

在对琵琶有了初步的了解后，学生开始演奏姿势及摘戴义甲的学习，在经过了一系列准备训练后，开始分层学习。二年级的新成员第一次上琴，学习右手如何正确出音；三、四年级的老成员通过复习之前所学乐曲，练习矫正左手按音指法。

授课方式：课程中采取分层教学的方法，并运用以老带新、以新促老的共同成长学习模式。学琴是一个漫长且细致的过程，由于琵琶上手难度大，在学习初期十分枯燥，所以教师会采取趣味示范法进行适度的调节。在学习新指法并反复练习的过程中，教师会用这一指法演奏他们所熟悉的旋律，进一步激发他们想要练好的信心。教师更加注重课后的线上指导，每节课课后都会及时在课程群中发布本节课的学习内容及练习要点，并对学生的练习视频进行反馈及进一步的要求。

授课目的：通过教师的专业讲解与系统的训练，让学生把对琵琶最初的好奇心，转化成真正的喜欢和想要去弹好这个乐器的决心，能够在艰难却也收获满满的习琴过程中，充分体会到中国传统乐器的魅力。

4. 德育成果

(1) 艺术素养。

活动展示

锻炼学生合奏的合作意识及乐曲演奏的表现力，体会到台上一分钟，台下十年功的努力付出，培养出克服困难、磨炼意志的良好品质。

(2) 活动展示。

哈尔滨市实验学校第四届校园艺术节闭幕式开场演出

中俄建交七十周年中俄青少年庆典演出

“国学节”课程展示

在新生开学典礼上进行展示

(3)课程论坛

校本课程总结大会上，雅美书院进行交流分享

(四)“粉墨”戏曲社团课程

1. 课程宣言

重温时代经典 “畅想”戏曲之声

2. 课程目标

(1) 初步认识有关戏曲“唱、念、做、打”的基本知识，感受和体验各种唱腔艺术。

(2) 感受常见戏曲京剧、评剧、豫剧和黄梅戏的风格特点，熟悉并学唱这些戏曲剧种的著名选段之一。

(3) 通过经典名家选段的欣赏，提高学生戏曲艺术的审美能力。

(4) 通过聆听、演唱等方式，体验戏曲文化的魅力与精髓。

3. 课程简介

学生群体：课程开设于2018年9月，采取走班制，每周二13:50至15:10进行，面向2~6年级学生。

授课内容：戏曲是中国传统艺术之一，剧种繁多有趣，有说有唱有文有武，既要求唱腔技法，又讲究字正腔圆，充满了综合性、虚拟性和程式性，是一门高度综合的民族艺术。课程以引导学生对舞台艺术产生兴趣为主旨，以提高学生的心理素质为出发点，认识有关戏曲“唱、念、做、打”的基本知识，感受和体验各种唱腔艺术，掌握京剧、评剧、豫剧和黄梅戏的风格特点，熟悉并学唱这些戏曲剧种的著名选段之一，通过欣赏、聆听、演唱等方式，体验戏曲文化的魅力与精髓，从而帮助学生更加积极有效地解决学习、生活中遇到的各种问题。

授课方式：课程的实施从整体到个体，戏曲是一项让学生体验和感悟中国戏曲文化的综合性活动，是由音乐、舞蹈等各种表演艺术综合而成的。在流行音乐充塞大江南北的当今时代，学生对中国戏曲这一古老的艺术形式知之甚少。为了突破这些难点，激发学生兴趣，我们将“搜集并整理资料，了解中国戏曲知识”作为教学重点，提前布置任务，要求每位学生回家欣赏影音作品，说说戏、唱唱戏，并且也鼓励孩子们画一画脸谱。

授课目的：一方水土造就一方戏曲，每个戏种都具有自己独特的地域文化风情。通过对经典名段的欣赏、聆听、演唱等方式，使学生们既了解到中国戏曲的主要艺术特征，又全方位地体验了戏曲文化的魅力与精髓。尽我所能地展示戏曲艺术的风采与魅力，让孩子们能够更加深刻地感受戏曲的丰富多彩，品味它的余音绕梁。

4. 德育成果

(1)活动展示。

“戏曲之声”课程学习

戏曲课程展示

短短两年时间，参与“粉墨”戏曲课程的同学们已经参加了多次演出，在一次次的活动中，他们的合作愈发默契，在舞台上的表现也更加自如。

(2) 所获奖励。

2020 年 1 月 9 日，哈尔滨市实验学校校本课程总结大会上荣获“精品课程”

(五)“艺想天开”名作解读课程

1. 课程宣言

走进大师世界　走向审艺人生

2. 课程目标

(1) 帮助学生多角度认识艺术家。

(2) 掌握简单的美术评述方法。

(3) 对经典名作进行创造性临摹。

(4) 培养对艺术作品的感悟力。

3. 课程简介

学生群体：课程开设于2018年9月，采取走班制，利用每周二13:50至15:10进行，面向2~6年级学生。

授课内容：在骨子里我们天生都是艺术家，天生爱看画也爱画画，从三万年前的法国洞窟到文艺复兴再到当代艺术的巨大浪潮，经过时间的淘洗，留在艺术史上的画家熠熠生辉。第一，就是要问问这些赫赫有名的大师是如何观察这个世界的，又为什么要这么画。第二，辨识他们的艺术风格和艺术特点，了解美术史的发展脉络，学习大师们的艺术风格，结合生活实际进行尝试和创作。

授课方式：课程的实施采取从个体到整体、从平面到立体的学习策略。每学期认识一位艺术大师，赏析他的作品，了解他生平有趣的故事，通过对名作不同角度的赏析，帮助学生理解作品，与艺术家进行超时空对话，从而进行“二次创作”。从艺术家的独立作品慢慢过渡到对艺术家的全方位解读，最后进行艺术流派之间的对比甚至是美术史知识的梳理。在这个过程中，学生进行创造性临摹，帮助学生从“入画”到“出画”，建立独立的、个性化的审美标准。

课程没有标准答案，只有“真实”。艺术鉴赏更多是素质的培养。画是在传递感情的，老师直接把这种感受讲出来就没意思了，教师的中立与开放态度才能使学生敢于对作品表达真实的感受与体验。重视每个个体的感受差异性，理解作品的同时也理解他人，也就是“共情”与“通感”。往往课程结束后，总有学生有这样一种感受：感觉学到了很多，但要具体说学到了什么时，又说不太清楚。

授课目的：希望孩子了解这些引领人类文明进程的大师作品，在需要表达自己的情感、思考和想法时，能灵活运用艺术家的思考方式和美术语言去表达；帮助孩子们感受到“自我”的存在，不断拓展延伸审美视野，看到生活的亮点，充满自信，以审美的眼光看待世界，以审艺的态度欣赏生活，让“美”成为学生世界观的一部分；通过对作品的欣赏以及对画家人生经历与人格的分析，引发学生向更广泛的领域学习、提升。在作品与“我”之间架起一座桥梁，这座桥梁通往内心世界，让美与心连接，当心灵能够真正感受到美的事物时，灵魂就被滋养了，生命的意义与价值则会凸显。

4. 德育成果

(1) 艺术素养。

“艺想天开”名作解读课程

课程走向生活，发现自然美

当学生具备了较好的艺术素养，也将提升自身素养和德育品质，发现自然美、民族美、祖国美、世界美。

(2)作品展示。

“艺想天开”名作解读课程作品展

学生作品累计135幅，其中67幅留校、37幅参展，共举办4场作品展。

⑶课程论坛。

2020年1月9日，哈尔滨市实验学校校本课程总结大会上，雅美书院优秀课程交流分享

（六）“QA”速写人物绘画课程介绍

1. 课程宣言

将艺术融入生活　用色彩点缀人生

2. 课程目标

⑴可以运用铅笔、针管笔等简单的绘画工具刻画人物。

⑵了解人物的构图、比例、动态。

⑶能够准确地抓住人物的样貌和体态特征。

⑷掌握简单的人物组合创作方法。

3. 课程简介

学生群体：“QA”速写人物绘画课程开设于2018年9月，采取走班制，利用周一13:50至15:10进行，面向3~5年级学生。

授课内容：Q、A分别代表光速和质量。速写顾名思义是一种快速的写生方法，属于素描的一种。

授课方式：速写是一种快速写生的方法，短时间的绘画记载也是属于雕塑的一个种类，很多人都认为何必要速写，直接用镜头和照片记载下来不是更直观、更方便吗？其实不然，速写是永远不会被照片所替代的。在课程中教师首先要培养学生的“眼”——观察力，绘画最重要的就是观察能力，只有能观察到才能画出来。其次是培养“脑”——思维能力，通过眼的观察再到大脑的分析，才可以保障表现的事物更加富有艺术性。最后是培养“手”——绘画技法，通过不断的练习可以达到自己想要的画面效果。

授课目的：每个人对美的感受都是不同的，你会发现，能发现美的人生活上都很有趣，教师倾尽全力去引导学生发现美、感受美。创作是一场修行，教书也是一场修行，积善因才能有善果，不忘初心。

4. 德育成果

(1) 艺术素养。

“QA”速写人物绘画课程（一）

“QA”速写人物绘画课程（二）

当每个孩子沉浸在属于自己的艺术创作中时，能进入一种非常美好的精神状态。每个孩子都是天生的艺术家，希望长大后他们仍然能保持这种天赋。

(2)课程论坛。

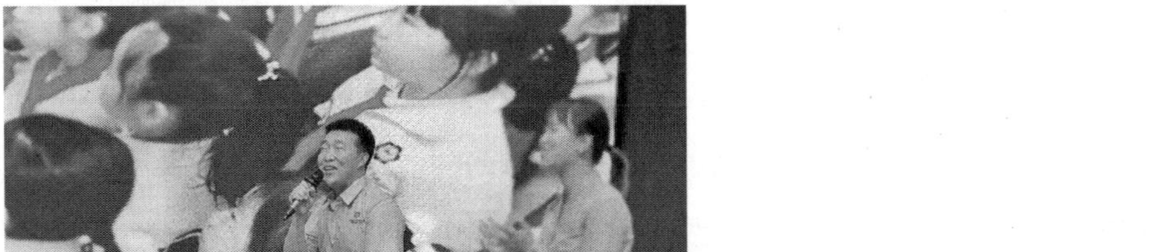

2020 年 7 月 12 日，哈尔滨市实验学校校本课程总结大会上，雅美书院进行交流分享

致远书院

一、致远书院简介

(一) 书院理念

致远书院图徽

“实践出真知，致远创梦想。”致远书院聚焦社会实践领域，致力于培养紫冰花少年的全球视野，构建学生志向格局的发展。依托紫冰花文化体系，以社区服务、各学科综合实践为目的，以国家课程的校本化实施为依托，以价值观和跨学科融合为核心，以“德泽生命课程”“实验雅行课程”“经纬中华情课程”等鉴赏课程为载体进行德育实践活动。提高紫冰花少年们积极、向上、阳光、全面发展的思想意识，培养正品行、求真知、怀天下的智慧少年。

(二) 课程布局

致远书院课程布局

课程形态	课程领域	素养领域	课程名称	执教教师	涉及学年	周课时
培元课程	自我认知	至善同行	综合实践	学科教师	1 ~ 5 年级	2
	社会实践	明德修身	德泽生命	全体教师	1 ~ 9 年级	
	传统美德	明德修身	实验雅行	班主任	1 ~ 9 年级	1
	社会实践	至善同行	经纬中华情	孙冠英	1 ~ 7 年级	1
	世界文明	亲民求是	探秘 UFO	倪金虹	2 ~ 6 年级	1
鉴赏课程	自我认知	明德修身	形体礼仪	白羽	2 ~ 6 年级	1
	传统美德	明德修身	硬笔书法	郑微	2 ~ 6 年级	1
	传统美德	明德修身	中华小茶人	孟静	2 ~ 6 年级	1
	世界文明	亲民求是	植物精油疗法	罗娅平	2 ~ 6 年级	1
	社会实践	至善同行	情智发展教育	王春凤	2 ~ 6 年级	1

二、德泽生命课程

(一) 课程宣言

“立德树人　润泽生命”，孕育正品行、求真知、怀天下的智慧少年。

(二) 课程目标

⑴就个人品行而言，培养明辨是非的能力，树立正确的价值观。

⑵就学习而言，形成个人固定的学习方法以及良好的学习习惯。

⑶就个人生活而言，培养优良道德品质，提升社会责任感。

(三) 课程简介

创设一次实践，收获一种体验；经历一种体验，收获一种感悟；体会一种感悟，内化一种品德；形成一种品德，收获一种生命。可见每一个人都像未央花般拥有独一无二的生命形态，这与他小时候形成的品行密切相关。

德泽生命课程以实践活动为载体，增进学生体验感悟。打造展示平台，采取班团队会、感悟展板、诵读讲演、校园舞台等形式，激发学生的主动性和创造性，鼓励他们撰写稿件、策划展演、动手制作、设计课件、站上讲台等，在自觉参与中熏陶思想情操，丰实精神生活，提升生命质量，创造体验感悟，成就多样未来。学校开展的活动能够进行学科课程拓展、发挥学生特长、挖掘个体闪光点、绽放个体生命力，如每年一届的艺术节、体育节、科技节、读书节等，全员参与的生命教育、仪式课程、四季教育等，丰富学生的生命体验；利用传统节日、重大纪念日开展五爱教育、感恩教育、传统文化教育等活动，做到月月有主题，内容各不同。

学习内容：各年级各类仪式课程、传统节日课程、校园节日课程、生命教育课程、四季课程、五爱课程。

实施方式：采用讲授、班团队会、专题讲座、演讲、校园比赛、团体仪式、场馆参观、户外实践、家庭劳动、家长课堂、社区服务等形式。

价值主题：以“仪式”“传统节日”“校园节日”“生命教育”“四季”“五爱”为教育主题设置内容。具体的课程结构设置如下：

课程设置

项目	内容
仪式课程	入学礼、入队宣誓礼、成长礼、磨炼礼、奋斗礼、入团宣誓礼、毕业礼、“我与实验共成长”仪式
传统节日课程	元旦、中秋、清明、重阳、端午
校园节日课程	艺术节、体育节、科技节、读书节、国学节
四季课程	春季植树、夏日游园、秋季找秋天感秋韵、冬季冰雪
五爱课程	爱祖国、爱人民、爱科学、爱劳动、爱社会主义
生命教育课程	安全讲座、安全演练、参观消防队

仪式课程：构成了学生成长的阶梯，设计具有连续性的系列仪式活动。在开学典礼中举行一年级入学礼；10月13日少先队建队日举行二年级入队宣誓礼；三年级成长礼——大队干部选拔；六年级新生军训磨炼礼、七年级奋斗礼——学生会竞选、7.1党的生日八年级入团宣誓礼、九年级毕业礼七个学年七礼。让孩子们在小学的学习生活中，在属于他们特有的时间点上，留下孩子们成长的足迹，留下深刻印象和美好愿望。

仪式课程让校园生活化，结合新建学校的特点，为了让校园里的点点滴滴变化牵动着紫冰花少年的心，深厚紫冰花少年对实验学校的情感，设计了“我与实验共成长”系列仪式活动：校牌揭幕仪式——我在实验有棵树、校训石着色仪式、校训石揭幕仪式。最终产生“学校中有我，我心中有学校的同学共情、师生共情、校园共情”的校园氛围。

传统节日课程：中华民族传统节日传承了中国上下五千年的历史，是一个取之不尽、用之不竭的知识宝藏。中华民族的传统节日文化有着许多精彩的文化内容，它包括饮食文化、民间艺术文化、诗词文化、戏曲文化、娱乐文化等，对增强民族凝聚力、弘扬传统文化有着不可低估的作用，让紫冰花少年们体验感受、保留传承原汁原味的中国传统节日。

四季课程：所谓“四季课程”，就是以四季特点划分主题。秋季神清气爽，开展找秋天感秋韵主题活动，从最具秋天特色的叶子入手，满足一年级学生对最常见最直观的树叶变化的好奇心，引导学生归纳叶形特点，集体在画布上绘制“再见，大树妈妈”多彩叶子画卷，丰富了实践体验；冬季冰城的孩子，进行冰雪活动体验；春季万物复苏，适合种植体验观察活动；夏季植被丰富，安排游览观赏活动。季节、气候等自然环境对人们影响很大，反映在孩子身上尤其明显。遵循自然规律开设课程内容，让学生有更充分的时间和空间进行观察实验和动手实践。

校园节日课程：与学科整合的哈尔滨市实验学校校园主题文化节，既形式多样又有丰富的内容，既热热闹闹全面参与又实实在在课程化实施，多样化的评价让实验校园充盈着多元的文化气息，提升了实验校园主题文化节品位。

五爱教育课程：结合各个纪念日，对学生进行爱祖国、爱人民、爱科学、爱劳动、爱社会主义的五爱教育。教育学生关心祖国的前途命运，全心全意为人民服务，正确认识劳动的伟大意义，懂得现代科学技术的发展，懂得社会主义的来之不易。

生命教育课程：生命只有一次，中小学生不具备完善的生命安全知识，以及逃生和避险所必备的身体素质和心理素质，现实生活中，当危险来临时，中小学生不能进行及时有效的应对。因此，针对我校中小学生开设生命安全知识与技能教育课程具有十分重要的意义。本课程设计了生命安全教育知识讲座、邀请传授生命安全技能的专业讲师，设计应对灾害和突发性事件的训练和演习，走访近邻，参观消防队。“安全第一”也是“健康第一”。

（四）课程亮点

仪式课程：在郝岚校长的带领下师生一起为校训石着色。六、七年级的学生牵着低年级学生的手，一笔一画慎重地填涂。激动人心的氛围感染着在场的每一个人，校训石上每一笔紫色都见证了实验学校齐心协力、共建共享的可贵精神。

传统节日课程：农历五月初五端午节，是我国的传统节日之一。紫冰花少年们召开了以端午节为主题的班会，了解端午的由来和习俗，编织漂亮的荷包，做弘扬传统文化的紫冰花少年。

四季课程：冰城的孩子玩冰雪，滑冰、堆雪人，打冰上保龄球，都是冬季的特色冰雪游戏。

五爱课程：每年12月26日，是我国伟大领袖毛泽东的诞辰日。哈尔滨市实验学校师生讴歌放怀，抒发对伟人的爱戴，举行“太阳最红、毛主席最亲”纪念毛泽东同志诞辰文艺演出。

生命教育课程：一年级紫冰花宝贝零距离接触消防战士，了解“抢险消防车”“水罐消防车”“泡沫消防车”等各类消防车辆的不同用途；尝试出警滑杆；参观消防员叔叔们的寝室。

三、“经纬中华情”课程介绍

（一）课程宣言

以世界为课堂　以天下为己任

（二）课程目标

⑴强健自身体魄，开阔人生视野。

⑵理解多元文化，培养天下情怀。

（三）课程简介

“经纬中华情”课程是“紫冰花课程”中重要的鉴赏课程，归属致远书院。着重培养学生的健康体魄和国际视野。从2015年9月开设至今，历经1.0版本到3.0版本，日趋完善和成熟。

在“内外”的轴线上是自我认知与社会实践的结合，聚焦“至善同行”领域，培养健康身心与全球视野。“至善同行”讲求的是一种为了追求卓越与极致而携手同行的品质。正所谓，“以世界为课堂，以天下为己任”。我们培养的孩子，不仅要追求自我完善与卓越，还要懂得合作，要富有社会责任感，心怀天下，能够为了祖国与世界的发展而学习。为此，学校选取了国内外的多个主题城市，开设“经纬中华情”鉴赏课程，教师根据自身的优势可以选择授课内容，比如美食、文化、历史、艺术等等。每学期利用假期时间到主题城市交流实践，进行研学体验活动，把课堂内的枯燥知识转变为可以触碰、可以实践的体验项目。孩子们亲身去洞见当地风俗，体悟当地文化，感悟风土人情，对祖国灿烂的文化以及丰富多彩的世界充满热爱和向往之情，开启他们走向未来、建设未来的大门。

授课方式：每学期开学前的假期，上课教师都会根据自己的学科特点和特长爱好，结合项目组主题城市的特点，充分调研，认真备课。开学初，项目组会把各位讲师召集在一起，进行集体备课，交流分享，共同确定课题、教学目标、教学方法和教学过程。

授课目的：学校利用鉴赏课时间带领学生全方位学习中国的一个重要城市，了解它的历史和发展，并利用假期亲自去游览一番。通过游学这种形式体验独立生活，不仅能培养学子负责任的生活态度，更能了解多民族多元文化的文明形态，开阔眼界，做出色的实验人，做出彩的中国人。聚焦“美丽”与“魅力”的紫冰花，在特色课程的建设中，将不断推陈出新；充满“智慧”与“创新”的紫冰花少年，在特色课程的学习中，将凝心聚力，锐意进取！

(四) 德育成果

1. 课内学习

带着自己的攻略去旅行是每位孩子的梦想，他们在课上认真学习，学校按照每个孩子的攻略为大家制订独一无二的研学计划。

“经纬中华情”课程的课堂

2.课外延伸

“经纬中华情”课程研学

“经纬中华情”课程研学

在游玩、体验的过程中，紫冰花少年的精神特质在潜移默化中塑造起来，践行了我校“丰实生命　创验未来”的校本价值观。

四、雅行课程

(一) 课程宣言

大雅君子　知行合一

(二) 课程目标

⑴养成良好自身习惯，塑造谦谦小君子。

⑵提高思考学习能力，培养活力小创客。

⑶树立全球化视野力，打造世界小公民。

⑷聚焦学生核心素养，成就紫冰花少年。

(三) 课程简介

实验雅行课程以我校六大核心素养为基础，以谦谦小君子、活力小创客、世界小公民为培养目标，根据我校九年一贯制、学生年龄跨度大、成长周期长的特点，在六大核心素养的基础和内容上，分学段、分阶段地定制适合各学段学生的课程内容和教学形式。通过讲明一个道理、体验一种情绪、分析一个事件、设计一个课堂活动完善学生的体验感受，做到行为儒雅、知行合一。

雅行课程的主题是依据课程结构来设置的，根据不同学段的学生需要，结合学生年龄和学习生活的实际情况，因材施教，开展不同年级的主题内容。雅行课程具体课程内容如下：

一学段（一、二年级）

项目	内容
学习习惯	1. 按时完成作业 2. 养成正确的读书写字习惯 3. 能阅读拼音小故事
生活习惯	1. 每晚准备好第二天的学习用品 2. 早睡早起 3. 按时吃饭、不吃零食、爱惜粮食 4. 爱护书本、爱惜学习用品 5. 自己穿衣服、系鞋带
交友习惯	1. 同学之间友好相处、不打架、不骂人 2. 乐于帮助同学 3. 不与陌生人交往
健康习惯	1. 早晚刷牙 2. 饭前便后要洗手 3. 不买小摊食品 4. 按时做间操、眼保健操
行为习惯	1. 见到老师和客人主动问好 2. 不乱扔果皮纸屑 3. 公共场合不大声喧哗
其他习惯	1. 对他人的帮助要心存感激

二学段（三年级）

项目	内容
学习习惯	1. 每天预习半小时 2. 独立完成作业 3. 认真听讲 4. 自觉阅读课外书
生活习惯	1. 自己能做的事情自己做 2. 吃饭不挑食 3. 早睡早起
交友习惯	1. 不与陌生人交往 2. 不欺负比自己弱小的同学 3. 同学之间要相互帮助
健康习惯	1. 早晚刷牙 2. 饭前便后要洗手 3. 不买小摊食品 4. 每天锻炼身体一小时
行为习惯	1. 会用礼貌用语 2. 按顺序上下车 3. 爱护花草树木
其他习惯	1. 学会感恩 2. 随手关灯和水龙头

三学段（四、五年级）

项目	内容
学习习惯	1. 每天预习 2. 独立学习和思考问题 3. 阅读课外书 4. 作业干净整洁
生活习惯	1. 自己的事情自己做 2. 合理安排时间 3. 不吃零食
交友习惯	1. 能学到身边朋友的优点 2. 远离品行恶劣的人 3. 主动帮助有困难的人

项目	内容
健康习惯	1. 勤洗澡、勤换衣 2. 每天坚持锻炼身体 3. 有良好的用眼习惯
行为习惯	1. 主动排队上下车 2. 爱护花草树木 3. 用文明语言和别人交谈
其他习惯	1. 养成节约的良好习惯 2. 孝敬父母

(四) 德育亮点

在雅行课程中，学生提高核心素养，打造精神特质，将所学、所用、所感融入到校园生活中，争做谦谦小君子。

德育亮点

“大雅”是对品德高尚、才学优异者的赞词；“君子”泛指有才德的人。“大雅君子”也就是说，在思想道德高尚、行为举止得体的基础上，才能有君子般的造诣。“知行合一”体现在良好的思想道德和行为举止，不光要在表面做到，更要融入内心，将它变成自然展现的一种特有的精神品质。实验学子不仅感受实验雅行课堂的乐趣，最重要的是将我校培养学生的六大核心素养潜移默化地根植在心里，成为正品行、求真知、怀天下的紫冰花少年。

智云书院

一、课程理念

“立德树人”的根本任务体现在教育的每一个细节中，是全面推进素质教育的方向。在飞速发展的互联网时代，我们的教育一定要面向未来，为未来而教！智云书院基于学校工作实践的深度探索和高端助力，研发了更为丰富、更为有趣的创意类课程、创新类课程、体验类课程、科技类课程和信息类课程。

智云书院图徽

智云书院的宣言是：智在云端，创意无限！我们将围绕数学、科学、物理、地理、化学、生物、信息技术各学科，开展国家课程的校本化实施，开展以价值观和跨学科融合为核心的鉴赏课程，全面建设以体现“互联网+”和“创意表达”为特色的创意课程。

智云书院是能够充分激发学生创新意识的一个书院，智能化发展将信息和知识的传递分享有机融合在一起，打破了学科间的壁垒，激活了学生的创造思维，全体课程将依托培元课程、鉴赏课程和创意课程，寻找最契合的突破口，通过课程的实施，使学生全面、灵活运用所学知识和技能、充分发挥团结协作的精神、激发学生的创造潜能和设计思维，使学生从小树立科技兴国、科技强国的理念，引导他们通过技术手段将脑中的创意、理想变成现实，为成为祖国未来合格的建设者和接班人做好充足的准备！

二、课程布局

智云书院课程布局

课程形态	课程领域	素养领域	课程名称	负责老师	涉及学年	周课时
培元课程	世界文明	亲民求是	悟物之理	张春禹 马玉涵	2～6年级	2
			快速阅读	李今虹 杨雅茗	2～6年级	2
			科技通识	王　芳 兰　旺	2～6年级	2
			奥数思维	赵忠宝	2～6年级	2
			科普知识小课堂	李冬梅	2～6年级	2
			神奇化学	钟成功	2～6年级	2
鉴赏课程	世界文明	亲民求是	经纬地韵	朱忠秋 张　璐	2～6年级	2
			摄影社团	毛　毳 刘　琳	2～6年级	2
			Σ 思维训练营	刘本莹 曹　鹤	2～6年级	2
创意课程	世界文明	亲民求是	卡魅课程	王仲鹏	2～6年级	2
			乐高编程	吴雪达 吴思琪	2～6年级	2
			机器人课程	苏宝龙 郝　赢	2～6年级	2
			航模课程	吴振雷	2～6年级	2
			机器人课程 初级班	魏兆达	2～6年级	2
			Python 语言课程	聂　冉	2～6年级	2
			Scratch 趣味编程	谢云燕	2～6年级	2
			几何画板社团	李　骞	2～6年级	2
			初玺全脑 魔方课程	张　莉	2～6年级	2
			思维导图	王　珺	2～6年级	2
			财商社团	杨金花	2～6年级	2
			魔法实验室	郝俊杰	2～6年级	2

三、经纬地韵

(一) 课程宣言

经纬地韵，让你体验不一样的地理课程！

(二) 课程目标

(1) 通过校内外各种活动，培养学生拥有一双“地理眼”。

(2) 通过实验以及对地理教具的使用，培养学生求真务实的科学态度。

(3) 激励学生探索创新，充分发挥学生主观能动性，养成良好的思维习惯。

(三) 课程简介

1. 指导思想

坚持以现代课程理论为依据，以“紫冰花”课程体系为指导，遵循教育发展规律，积极发掘国家、地方和校本课程等资源，深化素质教育，构建符合素质教育要求的地理实践课程。秉承实验学校“丰实生命　创验未来”的校本价值观，立足激发孩子的学习兴趣和求知欲，在实验的基础上学习科学知识，领略自然魅力。“生命如同小草，你可以帮助它，比如给它找一块土地，但绝不能代替它长大”，让我们怀揣“培养正品行、求真知、怀天下的智慧少年”的育人目标，一路前行，去追逐春风的颜色，去体验教育的发生，去感悟孩子们的灵慧。

2. 设置原则

(1) 学生群体：课程面向2～6年级的学生，优化整合校园素质教育因素，全面提升学生地理素养，为学生的全面发展奠定基础。

(2) 授课内容：根据国家提供的课程内容和课时比例，结合学校的实际情况，对国家课程进行延伸，设置校园平面图、笔尖上的中国、等高线的绘制、探索宇宙中的地球、昼夜交替现象等主题，形成校本实践课程。

(3) 授课方式：社团课程每周一次，面对面合作探究完成。

(4)授课目的：培养正品行、求真知、怀天下的智慧少年。实践活动探究课根据学生的直接经验，密切联系学生自身和社会生活，体现对知识综合性的运用。

3. 实施保障

(1)职责明确：校长负责有关学校课程的决策问题，中层领导负责组织执行，基层教师负责课程具体实施。各部门不定期向校长汇报课程执行情况，以便学校能及时了解课程执行过程中的不足和亮点。

(2)规范常规：以课堂为主线，关注教学内容与环节，落实各环节的达标标准，争创优质课。

4. 课程评价

以发展性评价为引导，建立以学生为主体、教师为主导的课程评价体系，完成课程目标。

(1)学生评价：根据每个学生参加学习时的出勤次数、学习态度、实践操作进行评价，用“优秀”“良好”“继续努力”来记录，提倡鼓励性评价。学生成果通过作品鉴定、实践操作等形式展示。

(2)教师评价：教师从教必须有计划、有进度，有每周教学设计记录。按照学校整体教学计划的要求，达到规定的课时和教学目标，教务处通过查阅资料等形式，每学期对教师进行考核。

(四)德育成果和亮点

地图是国家版图的主要表现形式，通过动手绘制中国地图，能让学生领略祖国的辽阔，培养学生的爱国情愫，树立个人品德。

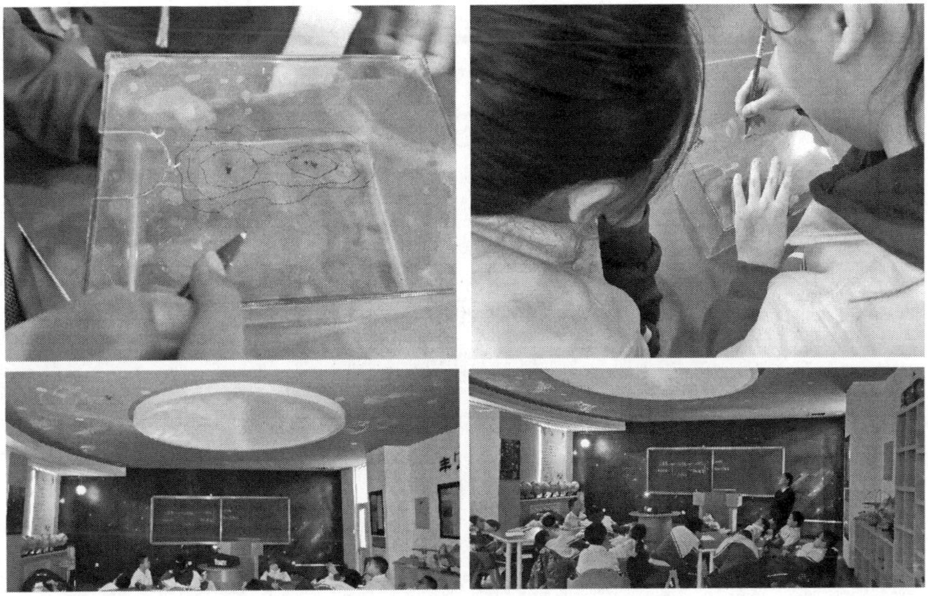

“经纬地韵”课程学习

通过实验亲自动手绘制等高线，让学生体验地理的魅力，同时培养学生严谨的科学态度。

通过实验室已有的设备，带领学生观看宇宙的形成，探索行星的奥秘，从而培养学生对知识的探索欲望。

四、Σ 思维训练营

(一) 课程宣言

游学课堂　体味百态数学

(二) 课程目标

(1) 培养和发展学生的思维能力，产生进一步学习数学的意愿。

(2) 培养学生合作、交流的意识和能力。

(3) 培养学生学习数学的兴趣和爱好，使学生在学习过程中获得成功的体验，建立自信心。

(4) 使学生获得初步的数学实践活动经验，能运用所学知识和方法解决简单问题，感受数学在生活中的作用。

(三) 课程简介

1. Σ思维训练营基本情况

Σ思维训练营面向哈尔滨市实验学校2～6年级的中低段学年的学生，通过若干益智游戏工具吸引并招募学生。通过这种方式招募学生一是可以提升孩子们在形形色色的社团中对于本社团的兴趣浓度，二是可以进行简单的筛选，筛选出在社团中能够跟住这种相对高难度课堂学习的学生。

T字板之谜
几何拼板
汉诺塔
重力棋

T字板之谜、几何拼板、汉诺塔、重力棋四部分教学内容均采用实物演示为主、讲授为辅的授课方式进行。在授课的过程中，为了更好地激发学生们的探索求知欲，我们会在每一类课程的后半部分设置PK赛，胜利的小组和个人均可获赠小礼品。除此之外，对于以上四种益智游戏，个别学生已经有所涉猎，我们会进行积极引导让有经验的孩子进行讲解、示范，也在课程之后颁发小礼品作为小小讲解员的奖品。

2. 培养学生乐学、好学的品性

Σ思维训练营秉承着“丰实生命　创验未来”的校本价值观，对学生们进行全方位的培训。在T字板之谜的探索中开发学生的平面想象能力，在自由组合几何画板中增强学生的创新能力，在不断变换的汉诺塔游戏中增强和挑战学生的逻辑思维能力，在重力棋的多种博弈中让学生感悟数学对于生活的魅力和意义。∑思维训练营营造了良好的课堂气氛和学习氛围，让学生在玩中学，学中玩，充分尊重了学生的认知规律和发展逻辑，培养学生成为全方位发展的紫冰花少年。

(四) 课堂纪实

∑思维训练营体验馆

几何拼板：学生奇思妙想利用皮筋连接不同形状的几何拼板拼凑出自己喜欢的图案。运用几何拼板，不仅增强了教学的直观性和实验性，提高了学生的观察能力和抽象思维能力，也为小学和初中平面几何的衔接打下了牢固基础。快来看！同学们做了这么多优秀的作品。

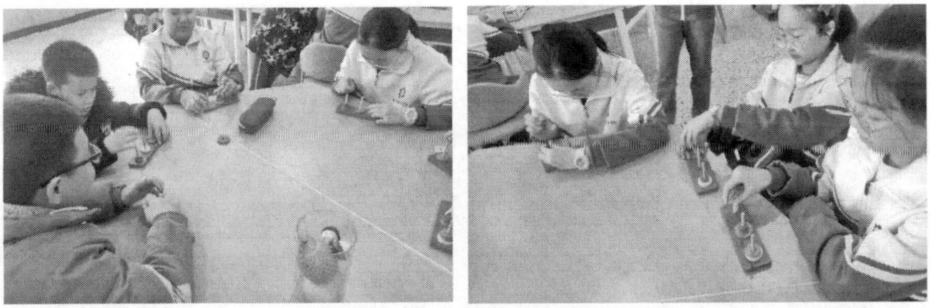

“汉诺塔”教学

汉诺塔：源于印度古老传说的益智玩具，也是程序设计中的经典的递归问题，充分将数学中的问题和游戏进行结合，开发学生的逻辑思维能力，许多偏内向却热爱推理游戏的学生展现出了极大的热情，并能够清晰明了地向同伴解释其中的规律，极大地建立了学生的自信心为学生提供不断动脑思考的学习动力。

“重力棋”教学

重力棋：把数学中的计算、概率等知识和物理中的杠杆平衡原理组合起来，再配合学生的决策分析，是一个非常好的思维训练载体，也充满了趣味和挑战。孩子们通过PK形式进行挑战，热情很高。几轮过后，我们更改下棋规则，孩子们还是可以轻松应对“下棋套路”，激烈博弈，决战胜负。

五、Scratch 趣味编程

(一) 课程宣言

解读科技奥秘　感受创造魅力

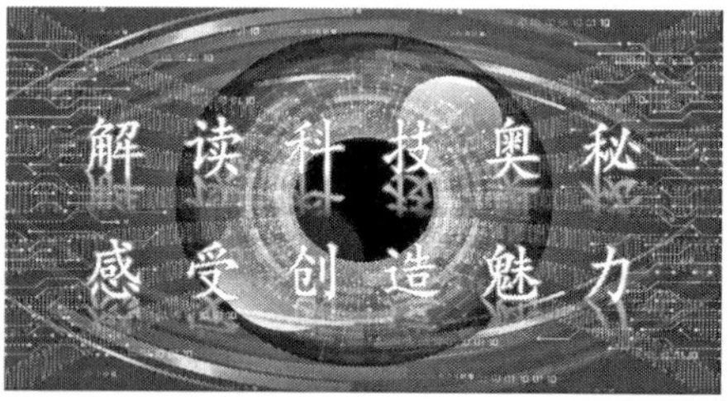

“趣味编程”宣言

(二) 课程目标

(1) 通过教学内容的真实性、挑战性及价值性激发学生主动去探究学习并完成任务。提高学生的学习兴趣和创造性解决问题的能力，从而形成“学习—创作—分享—优化—提升”的良性学习循环。

(2) 使用PBL教学法，实现多学科知识与经验的融合，发展学生独立自主的思想，在交往行动中形成人类命运共同体的价值观。

(3) 引导学生把握时代发展的脉络，感受自由与创造的力量，提升学生的民族自豪感和为国为民的责任意识。

(三) 课程简介

哈尔滨市实验学校Scratch趣味编程社团成立于2019年9月，每周二下午采取走班的形式进行活动。社团的成员是一群喜爱编程的紫冰花少年，他们铭记“明德　亲民　至善”的校训精神，不懈努力，摸索前行。

秉承着“做中学，在编程中为党育人、为国育才”的理念，重在挖掘、培养学生的编程兴趣，提升学生逻辑思维能力，促进学生信息技术素养的发展，提升学生信息技术应用能力，培养学生发展独立自主的思想，形成“学习—创作—分享—优化—提升”的良性学习循环。

Scratch趣味编程社团主要使用编程软件Scratch进行创作，课程采用PBL教学法，每节课以学生完成一个独立的小项目为依托。每堂课学生需要完成知识点学习、自由创作以及分享等环节。 在学习中，学生们会创作故事类、动画类、音乐类、美术类以及小游戏类等程序作品。完成所有课程后，同学们将学会事件、循环、变量、逻辑判断等基本的计算机程序知识。美国著名心理学家、教育家杜威说，人类天性中最深切的驱策力是“希望做个重要人物的欲望”。通过奖励的方式可以让学生感受到做个重要的人，同时激发学生学习的动力，提高学习效率。以小组合作的形式为学生素养发展提供发现问题和以自主、合作、探究方式解决问题的机会。通过使用身边热门话题作为教学内容，增强了课程的真实性、挑战性及价值性，激发学生主动去探究学习并完成任务。提高学生解决问题的热情和更具有创造性。根据学生的年龄特点，将所学过的多学科知识融合，可以提高学生的记忆力，突出了重难点，这样学生比较容易接受新的知识。通过作品展示等形式让学生在活动中不断发现问题、解决问题、优化解决方案，让学生们的创意不是禁锢在头脑中，而是能够通过编程作品展现出来。学生们可以通过Scratch表达自己，Scratch能帮助他们发展学习技能，培养思维能力及表达能力，最终帮助学生熟练掌握程序思维，激发学生的创新探究精神。

（四）成果展示

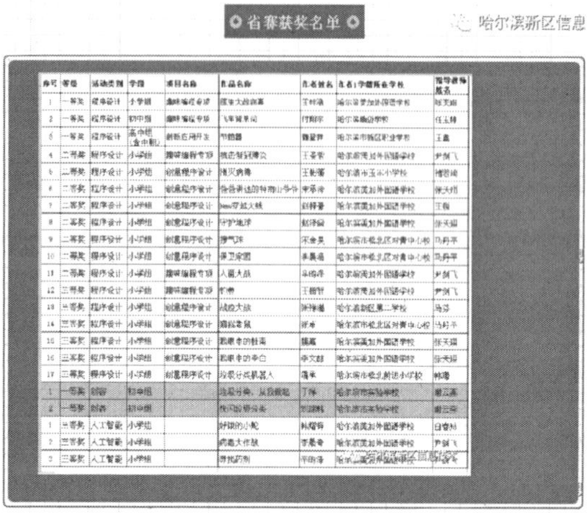

序号	等级	活动类别	学段	项目名称	作品名称	作者姓名	作者1学籍所在学校	指导教师姓名
1	一等奖	程序设计	小学组	趣味编程专项	[illegible]	[illegible]	[illegible]	[illegible]
2	一等奖	程序设计	初中组	趣味编程专项	[illegible]	[illegible]	[illegible]	[illegible]
3	一等奖	程序设计	高中组（含中职）	创新应用开发	节拍器	[illegible]	[illegible]	[illegible]
4	二等奖	程序设计	小学组	趣味编程专项	[illegible]	[illegible]	[illegible]	[illegible]
5	二等奖	程序设计	小学组	创意程序设计	消灭病毒	[illegible]	[illegible]	[illegible]
6	二等奖	程序设计	小学组	创意程序设计	[illegible]	[illegible]	[illegible]	[illegible]
7	二等奖	程序设计	小学组	创意程序设计	[illegible]穿越火线	[illegible]	[illegible]	[illegible]
8	二等奖	程序设计	小学组	创意程序设计	守护地球	[illegible]	[illegible]	[illegible]
9	二等奖	程序设计	小学组	创意程序设计	[illegible]	[illegible]	[illegible]	[illegible]
10	二等奖	程序设计	小学组	创意程序设计	保卫家园	[illegible]	[illegible]	[illegible]
11	二等奖	程序设计	小学组	趣味编程专项	[illegible]	[illegible]	[illegible]	[illegible]
12	三等奖	程序设计	小学组	趣味编程专项	[illegible]	[illegible]	[illegible]	[illegible]
13	三等奖	程序设计	小学组	创意程序设计	[illegible]	[illegible]	[illegible]	[illegible]
14	三等奖	程序设计	小学组	创意程序设计	[illegible]	[illegible]	[illegible]	[illegible]
15	三等奖	程序设计	小学组	创意程序设计	[illegible]	[illegible]	[illegible]	[illegible]
16	三等奖	程序设计	小学组	创意程序设计	[illegible]	[illegible]	[illegible]	[illegible]
17	三等奖	程序设计	小学组	创意程序设计	垃圾分类机器人	[illegible]	[illegible]	[illegible]
1	一等奖	创客	初中组		垃圾分类，从我做起	[illegible]	[illegible]	[illegible]
2	一等奖	创客	初中组		[illegible]	[illegible]	[illegible]	[illegible]
1	三等奖	人工智能	小学组		[illegible]	[illegible]	[illegible]	[illegible]
2	三等奖	人工智能	小学组		病毒大作战	[illegible]	[illegible]	[illegible]
3	三等奖	人工智能	小学组		[illegible]	[illegible]	[illegible]	[illegible]

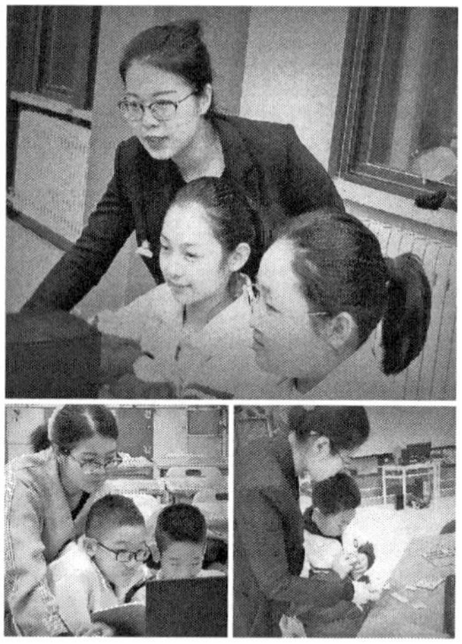

在“全国中小学电脑制作活动黑龙江赛区”，两名社团成员以垃圾分类为主题的作品荣获一等奖

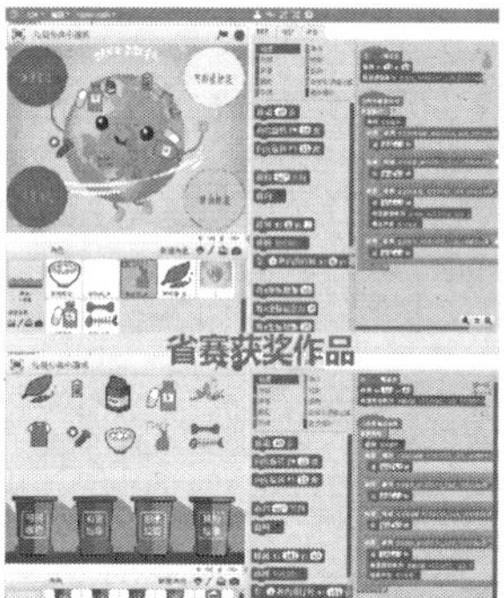

在社团中开展以垃圾分类为主题的创作

六、生活中的趣味数学

（一）课程宣言

博学而笃志　切问而静思

趣味数学课程宣言

（二）课程目标

（1）活学活用奥数知识，提高学生自己解决复杂应用

题、简算、解方程等内容的能力。

⑵ 培养学生的抽象思维、逻辑思维能力，激发学生的学习兴趣，培养其良好的学习习惯。

⑶ 锻炼学生优良的意志品质，给予学生发挥创新精神和创造力的最大空间。

(三) 课程简介

1. 核心素养

数学建模是对现实问题进行数学抽象、用数学语言表达问题、用数学方法构建模型解决问题的素养。数学建模过程主要包括：在实际情境中从数学的视角发现问题、提出问题，分析问题、建立模型，确定参数、计算求解，检验结果、改进模型，最终解决实际问题。

数学模型搭建了数学与外部世界联系的桥梁，是数学应用的重要形式。数学建模是应用数学解决实际问题的基本手段，也是推动数学发展的动力。

数学运算是指在明晰运算对象的基础上，依据运算法则解决数学问题的素养。主要包括：理解运算对象、掌握运算法则、探究运算思路、选择运算方法、设计运算程序、求得运算结果等。数学运算是解决数学问题的基本手段。数学运算是演绎推理，是计算机解决问题的基础。数学运算主要表现为：理解运算对象、掌握运算法则、探究运算思路、求得运算结果。

2. 授课对象

这学期我们奥数社团招收的主要是六年级学生。六年级是一个奥数学习爬坡阶段，如果在这个阶段对奥数进行系统的学习，不仅对学科成绩有促进作用，还能有效地实施育人目标，培养正品行、求真知、怀天下的紫冰花少年。

3. 课程计划

六年级是有余力进行课外学习的阶段，对大多数学生来说应先从简单的奥数进行学习，一则让孩子通过简单问题逐渐熟悉奥数，一则培养学生学习奥数的兴趣，避免接触难题打消学生学习奥数的积极性。所以教师从简单的技巧计算、应用题、生活中的趣味数学及动手操作等方面进行教学。同时注意让奥数学习与实际生活相联系，例如超市物品捆绑计算，投资利润计算，从古时候流传下来的数学游戏，通过联系实际及游戏等方式激发学生的兴趣。在内容安排上，参阅大量参考资料，与课内教材及学生实际相结合，选取适当的专题。如数字与数、间隔问题、行程问题、抽屉原理、最佳方案等。在方法运用上，注重举一反三、启迪思维，逐步提高学生的概括水平。

4. 课程实施的目标

(1) 激发孩子们对数学学习的兴趣。

(2) 以培养学生数学思想为目标。

(3) 以发展学生数学思维能力为基础。

(4) 以提高学生学习兴趣为出发点。

(5) 有效开拓思路，启迪思维，提高知识的运用能力。

5. 实施方式

每周两个知识点，教师提供相关材料，如微课程、PPT或小研究，然后在教师指导下学生进行思考，最后总结评价。

(四) 成果展示

1. 感悟教研魅力　生成教学智慧

几何图形是中考不可或缺的一部分，平行线是初中几何学习的基础，所以数学组教师发挥集体智慧，探寻平行线专题的本质，让学生更易理解。

2. 思维是灵魂的自我谈话

用思想去发现，而不应受思想的束缚而裹足不前。每个人都有其独特的思维方式。

“趣味数学”课堂掠影

课程展示活动

七、思维导图

(一)课程宣言

秉持可贵的成长型思维再出发!

(二) 课程目标

(1)能够理解什么是思维导图以及思维导图的功能。

(2)能够掌握制作思维导图的一般步骤。

(3)能够体验创作思维导图的乐趣。

(4)能够将思维方法发散化、思维过程可视化、思维结果全局化。

(三)课程简介

思维导图的价值植根于思考力、思想、文化内涵和创造力,同时也反作用于提升思维素养。思维导图课堂会设定主题,根据主题设计思维导图,给予学生充分发挥的空间,展示学生的设计作品,按照作品质量及设计讲解进行评比,并颁发优秀学员证书。

从心理学的角度来看,同样的内容,采用学生感兴趣的方式,学生接受起来会更加积极和主动,所以教师给学生创造了很多的发挥空间,希望能带给他们一次思维的提升。体验创作思维导图的乐趣,保持和发展学生的创作兴趣。通过学生对思维导图的创作,提高各学段学生动手动脑的能力和思维发展,使全校逐渐形成爱动脑、爱创造的良好氛围。

(四)课程故事

思维导图可以让思路变得更清晰、阅读变得更方便、知识体系更结构化、重点更突出,并结合颜色、文字修饰、图片、标记等元素凸显关键点和视觉效果,充分发挥信息的大聚合功能优势,促进信息和知识的有效记忆。

思维导图绘制技术学习过程:明晰原理—掌握绘制方法(发散性思维)—掌握绘制技巧(关键词提炼、布局、修饰)—体现个人特色—扩大各个领域应用—体现思考过程—全局化过程。

“思维导图”课程掠影

思维导图展示

将思维导图与学生的现实学习背景有效结合极为关键。在课上制作的简易导图给学生带来成就体验，让学生有信心去学习和使用这一工具。学生在课上饶有兴致地“想学”，在课下念念不忘地“想用”，那么这件事就做成了。

只有真正用过了，真正把它用在自己的学习、生活和工作中，真正用透了这种发散思维方式，你才能获得受益无穷的享受。

八、 神奇化学

（一）课程宣言

感悟身边神奇　寻觅生活化学

（二）课程目标

⑴坚持正确的政治方向。坚持党的领导，坚持社会主义办学方向，培养学生良好的政治素质、道德品质和健全人格，使学生坚定中国特色社会主义道路自信、理论自信、制度自信和文化自信，引导学生形成正确的世界观、人生观、价值观。

⑵坚持反映时代要求。根据经济社会发展新变化、科学技术进步新成果，及时更新教学内容和话语体系，反映新时代中国特色社会主义理论和建设新成就。

⑶坚持科学论证。遵循教育教学规律和学生身心发展规律，贴近学生的思想、学习、生活实际，充分反映学生的成长需要，促进每个学生主动地、生动活泼地发展。

⑷坚持继承发展。对课程改革实践进行系统梳理，总结提炼并继承已有经验和成功做法，确保课程改革的连续性。

（三）课程简介

1. 指导思想

党的十九大报告明确提出：“要全面贯彻党的教育方针，落实立德树人根本任务，发展素质教育，推进教育公平，培养德智体美全面发展的社会主义建设者和接班人。”基础教育课程承载着党的教育方针和教育思想，规定了教育目标和教育内容，是国家意志在教育领域的直接体现，在立德树人中发挥着关键作用。

秉承“富强、民主、文明、和谐”的理想，践行“丰实生命　创验未来”的校本价值观，实现培养“正品行、求真知、怀天下”的智慧紫冰花少年。多姿多彩的社团活动是实现校本课程的重要组成部分。神奇化学社团以实验为依托，通过前沿化学资料介绍，结合化学元素周期表的学习，培养学生基本的化学素养，激发学生研究意识，培养学生探究能力，为学习化学奠定基础。

2. 社团课程内容、形式与学生准备材料

根据学龄段特征和现有基本情况，学期10课时安排如下，每个实验2课时，“神奇化学”社团以实验、视频分享等形式展开。

(1) 生活小实验展风采。化学实验是一门以实验为基础的科学，通过实验展示与操作、设计——自制饮料、大象牙膏、自制漏斗等实验，引导学生通过动手实验完成实验论证，激发学生的化学兴趣。

“神奇化学”课程展示

(2) 前沿材料分享。“走近科学——物质从何而来”一课通过对身边物质的探索，展现物质的由来，从物质构成角度认识物质，培养学生认识物质的视角。

学生感受“神奇化学”的魅力

(3)研究元素周期表。通过“门捷列夫很忙”系列讲座。从“门捷列夫是怎样‘炼’成的”“四大天王”“你好毒”“高冷的贵族和吓人的暴君”“改变世界的元素”五个主题阐释元素周期表,并引导学生在理解基础上记忆元素周期表。

趣味“神奇化学”

3. 课程评价

(1)通过平时表现,以及创新表现评选优秀社员。

(2)组织化学创新大赛,展现学习成果。

九、魔法实验室

(一) 课程宣言

实验打造真理　化学实现梦想

（二）课程目标

(1)学生通过一些小魔术，提高学习化学的兴趣。

(2)初步了解实验的基本步骤和仪器的使用，能够初步掌握基本的实验方法和技巧。

(3)通过实验感受科学的乐趣，将生活中的现象和实验紧密结合在一起，让学生体会到化学来源于生活，服务于生活。

(4)提升学生的动手能力、实验能力以及小组合作意识，帮助学生提升科学素养，使他们感受到化学的魅力。

（三）课程简介

1. 指导思想

化学是以实验为基础的学科，以“立德树人”为根基，秉承我校“现代人格、儒雅气质、创新意识、学习习惯、健康体魄、全球视野”的六大核心素养和“丰实生命　创验未来”的校本价值观。为实现我校培养正品行、求真知、怀天下的智慧少年的育人目标，我校多姿多彩的社团活动作为特色校本课程的一部分，逐步成为解读校园文化的向导。通过一些生活中的小实验，培养学生学习化学的兴趣，为以后学好化学打下坚实的基础。培养学生科学探究的精神，从而使其树立良好的人生观和价值观。

2. 社团课程内容、形式与学生准备材料

根据校情和学情将课程设置为10课时，每个实验2课时，“魔法实验室”社团将以学生为主体开展以下活动：

序号	1
实验名称	自制碳酸饮料
实验步骤	1. 在约500 mL的饮料瓶中加入约8 g白糖和适量果汁；2. 加入约1.5 g小苏打；3. 注入凉开水；4. 再加入约1.5 g柠檬汁
实验现象	溶液中产生气泡
实验结论	1. 碳酸氢钠与柠檬酸反应，生成二氧化碳；2. 二氧化碳与水反应生成碳酸，即碳酸饮料
注意事项	原料的量，根据口味不同，可以适当调整

序号	2
实验名称	水的净化
实验步骤	1. 连接实验仪器；2. 将湖水倒入漏斗中，静置一段时间
实验现象	过滤后的液体由浑浊变澄清
实验结论	过滤的操作用来分离难溶的固体和液体

序号	3
实验名称	“神奇”的手帕
实验步骤	把棉手帕放入用酒精与水以 1:1 配成的溶液里浸透，然后轻挤，用两只钳子分别夹住手帕两角，放到火上点燃，等火焰减小时迅速摇动手帕，使火焰熄灭
实验现象	手帕依旧完好如初
实验结论	燃烧时，酒精的火焰在水层外，吸附在纤维空隙里的水分吸收燃烧放出的热量而蒸发，手帕上的温度达不到纤维的着火点，因而手帕烧不坏
注意事项	由于火焰温度较高，注意别烧伤手及对着其他人，且远离其他可燃物

序号	4
实验名称	铁树“开花”
实验步骤	1. 取酚酞试液；2. 把铁丝编成树状，把沾有酚酞的棉球挂在铁树枝上；3. 用玻璃棒蘸取氢氧化钠 NaOH 溶液滴在棉球上
实验现象	一会儿，可看到棉球变成了红色，整个铁树就像开花了一样
实验结论	氢氧化钠 NaOH 使无色酚酞试液变红
注意事项	氢氧化钠 NaOH 有一定的腐蚀性，注意不要接触皮肤

序号	5
实验名称	鹌鹑蛋“煮熟”之谜
实验步骤	在玻璃杯里放入适量生石灰粉末，鹌鹑蛋放在上面，然后倒水浸没鹌鹑蛋
实验现象	产生大量白雾；过一会儿，鹌鹑蛋被煮熟
实验结论	生石灰 CaO 与水反应生成熟石灰 $Ca(OH)_2$，同时放出大量的热量
注意事项	1 kg生石灰 CaO 和水反应，产生的热量可以烧开近两热水瓶的水

3. 课程评价

(1)竞选社团社长并于本学期末评选优秀社员。

(2)组织学生参加实验操作大赛和实验报告设计大赛 。

(四) 课堂展示

利用过滤的方法除去水中的难溶性泥沙等，培养学生节约用水、爱护水资源的环保意识。

“魔法实验室”之过滤法

通过指示剂变色这个神奇的小魔术，为紫冰花少年学习化学埋下希望的种子。

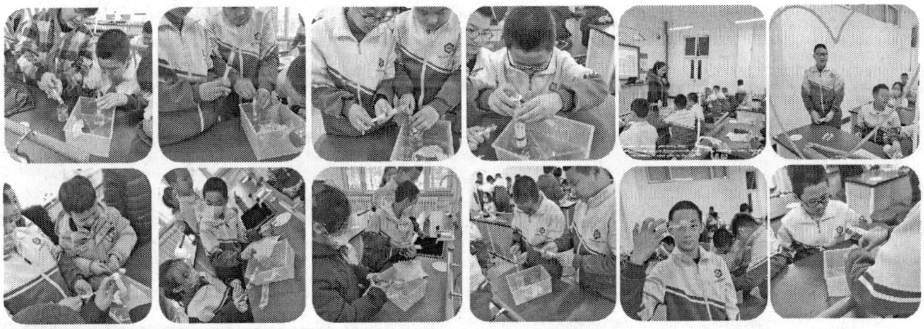

“魔法实验室”神奇的小魔术

阳光书院

一、书院简介

完全人格，首在体育。早在1912年5月，蔡元培就提出“普通教育养成国民健全之人格，教育者是养成人格之事业”。在谈及体育与德育的关系时，他再一次论证了体育的基础地位：“凡道德以修己为本，而修己之道，又以体育为本。忠孝，人伦之大道也，非康健之身，无以行之。”由此可见，体育地位是何等重要。

阳光书院图徽

实验学校阳光书院秉承蔡先生之传统理念，涵盖了体育、体育与健康、心理保健等三大类课程，包括培元课程、17门鉴赏课程（足球、篮球、田径、武术、健康操、轮滑、冰壶、跆拳道、双节棍、击剑、棒球、网球、心理、沙盘、围棋、羽毛球、舞龙舞狮）以及律动生命特色课程，每周参与学生达到3 000多人次，学生选择面大，能充分发挥教师的特长。

阳光书院结合本校的传统和优势、教师专业水平特长及其他资源的配备、学生的兴趣和需要，自主开发和选用适合本校的课程。校本课程的开发首先充分发掘学生的个性潜能优势，促进学生的个性全面和谐发展，有利于特色学校的形成，创建独一无二的特色课堂；有利于教师个性的养成及培养各种人才。阳光书院将不断打造过硬学科队伍，拓宽思路，大胆进行学科整合，为学生创造出更多、更好的课程，为学生服务，为实现百年强校梦而努力。

二、健美操课程

(一)课程宣言

舞动青春　舞动奇迹

(二)课程目标

1.认知发展目标

(1)形成正确的身体姿态和高雅的气质。

(2)发展学生的协调性、灵活性等综合素质。

2.技能发展目标

(1)培养学生参与健美操运动的能力。

(2)掌握健美操的基本动作、教学方法和身体素质练习的方法。

(3)掌握1～2套成套健美操。

(4)了解并掌握大众健美操的创编原则与方法，学会编排成套健美操。

3.情感发展目标

(1)培养学生积极进取、团结协作的精神。

(2)培养学生的节奏感和表现力。

4.社会发展目标

(1)使学生具有参与和指导健身运动的能力和水平。

(2)使学生善于表现，建立和谐、愉快的教学氛围。

(三)课程简介

1.健美操的概念

健美操是融体操、音乐、舞蹈、美于一体，通过徒手、手持轻器械和用专门器械的操化练习，达到健身、健美和健心的目的一种新兴娱乐及观赏型体育项目，又是竞技运动的一个项目。

2. 健美操的分类及学习内容

健美操分为健身健美操、竞技健美操、表演健美操，学生主要以大众健美操为主要教学内容。

3. 健美操特点

健美操有实效性、力度性、节奏性、创新性、广泛性、群众性几个特点。

4. 健美操的锻炼价值

健美操可以增强体质，增进健康；提高运动系统的功能；提高呼吸系统的机能水平；促进心血管系统的机能；改善消化系统的机能；塑造健美形体，培养端庄体态；通过身心全面调节陶冶美好情操；增强身体素质，提高艺术修养。此外，健美操是具有艺术性的项目，长期从事锻炼可以增强韵律感、节奏感，提高音乐素养，进而提高认识美、鉴赏美、表现美及创造美的能力。

5. 学校健美操的要求

(1) 幅度。

幅度是指身体活动范围的大小，是充分展示柔韧性的能力。尽最大幅度地完成动作是健美操的一大特色。人体各部位尤其是颈部、上肢、胸部的充分伸展，对增大动作幅度、充分表现动作极为重要。

(2) 规范。

规范是对健美操动作完成质量的综合评定指标。它要求动作中的方法、姿态、位置、路线等应按照规定的标准完成。要求学生在初学健美操基本动作时，就建立规范的意识，养成正确的身体姿势，随着教学的深入逐渐达到动作规范的程度。

(3) 力度。

力度是指肌肉用力程度的大小，它是衡量健美操动作质量的重要条件，是力量与速度的有机结合。健美操的力度主要表现在鲜明节奏背景中动作的刚健、有力、流畅而富有弹力上。因此，在学校健美操中，把培养动作力度作为一个重要的教学环节，充分体现健美操的“健、力、美”的特有风格。

⑷表现力。

表现力是通过面部表情和身体动作来抒发内在情感的能力。健美操中的每一个动作都有其内在的表现内容，它不仅体现在动作的用力程度和幅度的大小以及全身的协调配合上，还表现出对音乐的感受、对动作及健美操的理解上。出色的表现力能给健美操注入生机和活力，因此，在学校健美操教学中，表现力的培养是非常重要的。

6. 学校健美操的教学方法

⑴讲解法：是指对概念、原理、原则、公式、要领、观点等进行解释或论证的一种讲授方法。

⑵示范法：教师讲解，学生通过模仿有成效地掌握必要技能的一种方法。

⑶提示法：在教学过程中对于教学内容利用言语及动作提示学生的一种方法。

⑷带领法：教师带领学生进行运动的方法。

⑸完整法与分解法：完整法是对一个动作从开始姿势到结束姿势，不分段落完整地进行教学的方法。分解法是把一个较复杂的动作，按照动作结构，合理地分为若干部分，然后逐次进行教学，最后让学生完整地掌握动作的方法。

⑹重复法：一个动作重复训练的一种方法。

⑺激情法：利用动作及呐喊增加学生兴趣的方法。

⑻递加循环法：采用1+2+3的训练手段，循序渐进的一种学习方法。

⑼连接法：将所学小部分动作连接起来成为整体的方法。

（四）德育成果

自健美操社团成立，招募的学员们从初学到成型经历了很大的转变，建立了信心，增加了身体各方面的素质和能力。在运动会团体操表演中也作为领操员，起到引领作用。

健美操展示

三、篮球课程

（一）课程宣言

热爱运动，热爱人生。

（二）课程目标

1. 初级

（1）培养学生对篮球运动的兴趣，掌握篮球运动的基本技术和相关理论知识。

(2)在练习过程中，全面增强体质，重点提高力量、身体协调性和奔跑能力。

(3)培养学生发现问题、分析问题、解决问题的能力，培养勇猛顽强的意志品质和团队精神。

2. 提高

(1)提高学生对篮球运动的兴趣，掌握篮球技、战术，进一步掌握比赛规则及裁判法，在教学比赛中敢于担任裁判工作。

(2)在练习过程中，加强专项身体素质的锻炼，提高对抗意识和竞争意识。

(3)培养学生空间思维能力和应变能力，培养勇敢顽强的意志品质和团队精神。

3. 课程简介

(1)篮球的概念。

篮球运动是以投篮、上篮和扣篮为中心的对抗性体育运动，是全世界无数人热爱的运动。篮球运动充满活力，不仅能提高参与者的身体素质、锻炼意志，还能培养团队精神、增强使命感和荣誉意识。

(2)篮球的学习内容。

(一)	球性	水平一（小学一、二年级）	第一次课：基础球性练习	第一次课： 重点：手指手腕的灵活性。 难点：控制住球。
			第二次课：单手原地运球练习	第二次课： 重点：手指手腕的发力。 难点：控制住球，尽量不拍丢。
			第三次课：单手前变向运球练习	第三次课： 重点：变向换手，侧肩护球。 难点：手控制球，上下肢协调配合。
			第四次课：双手同步原地运球练习	第四次课： 重点：正确的运球手型。 难点：上下肢协调用力。

（二）	行进间运球	水平二（小学三、四年级）	第一次课：原地双手高低手运球 第二次课：原地双手换手运球 第三次课：行进间单手运球 第四次课：行进间双手同步运球	第一次课： 重点：运球的动作要领。 难点：双手手指手腕的力量控制。 第二次课： 重点：运球的动作要领。 难点：双手手指手腕的力量控制。 第三次课： 重点：运球的动作要领。 难点：双手手指手腕的力量控制。 第四次课： 重点：运球的动作要领。 难点：双手手指手腕的力量控制。
（三）	传接球和防守	水平三（五、六年级）	第一次课：原地双手胸前传接球 第二次课：原地双手击地传接球 第三次课：原地防守姿势 第四次课：防守滑步	第一次课： 重点：传接球的动作要领。 难点：传球拨指抖腕的力量。 第二次课： 重点：传接球的动作要领。 难点：击地的位置和传球的手指手腕力量。 第三次课： 重点：重心下降，双臂打开，脚跟略提起。 难点：腿部力量要达到一定要求。 第四次课： 重点：重心下降，双臂打开，脚跟略提起。 难点：腿部力量要达到一定要求。
（四）	简单的配合篮球比赛	水平四（七到九年级）	第一次课：行进间双手胸前传接球 第二次课：行进间双手击地传接球 第三次课：二对二攻防配合 第四次课：五对五比赛	第一次课： 重点：传接球的动作要领。 难点：传球拨指抖腕的力量。 第二次课： 重点：传接球的动作要领。 难点：击地的位置和传球的手指手腕力量。 第三次课： 重点：相互配合和战术执行力。 难点：攻防之间的紧张感和球员的执行力。 第四次课： 重点：相互配合和战术执行力。 难点：攻防之间的转换，球员对战术的理解和执行力。

(三) 德育成果

篮球社团重在培养学生的篮球兴趣，掌握篮球运动的技能技巧，养成团结合作、敢于拼搏、不畏困难的品质，并形成终身体育锻炼的思想。自篮球课程开设以来，学生曾多次在区里进行篮球操展示，2019年第十四届黑龙江省“四城市”体育教研研讨会教学展示会中我校学生进行篮球操表演，2020年应黑龙江省电视台邀约参加《爱上这座城》节目录制。

“篮球社团”精彩展示

四、轮滑课程

(一) 课程宣言

为灵魂装上翅膀，让青春滑动飞翔。

(二) 课程目标

(1) 运动参与目标：积极主动地参与轮滑活动，有计划地将轮滑活动作为参加课外体育锻炼的主要内容之一，逐步养成自觉锻炼的习惯。

(2) 运动技能目标：掌握轮滑运动的基本方法和技能，科学地从事以轮滑为主要内容的体育锻炼，提高运动能力。

(3) 身体健康目标：养成良好的行为习惯，形成健康的生活方式，具有健康的体魄。

(4) 心理健康目标：根据自己的能力设置轮滑运动的学习目标；自觉通过轮滑活动改善心理状态、克服心理障碍，养成积极乐观的生活态度；运用适宜的方法调节自己的情绪；在轮滑运动中享受运动的乐趣，体验成功的感觉。

(5) 社会适应目标：在轮滑等体育运动中表现出良好的体育道德和合作精神；正确处理竞争与合作的关系。

(三) 课程简介

1. 轮滑社团简介

轮滑社团2018年9月成立，畅快地滑行，风一般的速度，炫酷的动作，在社团招募之初就得到了不少中小学生的喜爱。现有队员40余人，该社团以轮滑爱好者为主，以“张扬个性、展现青春、挑战自我、团结协作、强身健体”为宗旨，组织轮滑训练，开展轮滑集体活动，从而增强学生体质，丰富学生的校园文化，提高我校学生的综合素质，促进我校社团课程的繁荣发展。

2. 轮滑运动的特点

轮滑运动是一项有益于身体健康的体育项目，对场地、器材要求不高，只要有轮滑鞋和一块平整的水泥地面或柏油路面，就可以开展。轮滑运动融竞争性、艺术性、游戏性、健身性于一体，是一项低冲击高有氧的运动。

3. 轮滑运动的锻炼价值

实践证明，通过学习轮滑，可以促进孩子多方面的发展：

(1) 规范的动作能充分体现运动美感，可以有效提高孩子的审美情趣。

(2) 通过各项比赛、表演、娱乐等活动激发孩子表现欲。

(3) 通过让孩子与不同对象进行交流，有效增强交往能力。

(4) 不同性格的孩子可以锻炼其勇敢、坚强的意志品质。

(5) 学习轮滑可以使孩子增强自信心。

(6) 可以促进孩子体质和心理素质的全面提高。

(7) 轮滑运动有助于孩子养成良好的饮食、睡眠等生活卫生习惯。

(8) 孩子对轮滑活动浓厚的兴趣，促使孩子养成自己动手的习惯，培养孩子自我服务的技能。

(9) 进一步提高孩子的安全意识。

(10) 轮滑运动能让孩子轻松投入，有效缓解并释放因过度学习或生活其他方面造成的压力。

经常参加轮滑运动，对改善人的心肺功能、增强四肢和躯干的肌肉力量、提高身体的协调性和平衡能力，有着积极的作用。同时，对培养机敏、顽强的品质也有良好的影响。既可以丰富课余生活，又能陶冶情操。轮滑是一种艺术，价值无比；轮滑是一种精神，坚强不息。

4. 轮滑课程的学习内容

1. 轮滑初级	（1）V 字（外八字）站立与平行站立
	（2）原地踏步
	（3）踏步前行
	（4）摔跤
	（5）起立
2. 轮滑初级	（1）平行滑行
	（2）加速踏步
	（3）蹲溜
3. 轮滑初级	（1）脚后跟刹车
	（2）平行转弯
4. 轮滑初级	（1）双脚向前滑行
5. 轮滑初级	（1）前葫芦步滑行
	（2）内八韧带
	（3）外八韧带
	（4）原地画圆
	（5）内“八”字停止法
6. 轮滑初级	（1）曲线滑行
7. 轮滑初级	（1）“T”刹
8. 轮滑初级	（1）绕桩画圆
9. 轮滑初级	（1）平行倒滑
	（2）双脚跳跃
10. 轮滑初级	（1）内八倒滑
	（2）正滑倒滑交替转换

（四）德育成果

自轮滑社团成立，同学们从最初的站不稳到流畅地滑行，成长得很快，既学会了运动技能，也增加了身体各方面的素质和能力。孩子们在一起交流，人际交往和沟通能力也有很大提高。

“轮滑社团”苦练基本功

2019年我校成立冰球队。轮滑社团的孩子们有良好的轮滑基础，这也为学校的冰球队的组建提供了大量的后备人才。2020年12月我校冰球队参与录制新区宣传片。

冰球队参与录制新区宣传片

2021年1 月我校冰球队受邀参加2020—2021年度哈尔滨市“全民冰雪日”冰上趣味运动会的开幕式表演。

冰球队参加冰上趣味运动会开幕式表演

五、武术课程

(一) 课程宣言

以武养德，以德立教。

(二) 课程目标

⑴科学严谨的体育课堂教学，使学生了解中国武术的基本理论知识，培养学生学习的兴趣，养成良好的健身习惯，树立“终身体育”“健康体育”的观念。

⑵增强学生体质，培养学生综合素质，促进其身心和谐发展。

⑶以人为本，促进学生自主学习的能力，在课堂中塑造学生品格，更关注正确价值观念的建立。

(三) 课程简介

1. 循序渐进，合理安排教学内容

武术教学中，武术基本功教学是基础，只有打好扎实的武术功底，才能适应今后的教学活动。武术基本动作学习是武术教学的重中之重，譬如，进行手型、步型及其组合动作教学，能够有效地为学生下一阶段的学习打下基础。通过一段时间的学练后，学生对基本动作及武术内涵逐步了解后，进行基本拳法教学，主要让学生掌握五步拳、少年规定拳等拳法，达到循序渐进的教学效果，符合教学规律。

2. 寻求多样，激发学生训练兴趣

兴趣是学生学习武术的关键，是学生获得知识学好武术的前提。在武术教学过程中，教师除了采用讲解示范法，还可以使用游戏法、竞赛法、语言激励法、学生展示等多种教学方法，在场地的安排上也可以做些文章，譬如情景创设、图案变换等，让学生从心理上产生新鲜感，乐于参与到武术学练中来。学生的练习形式也是影响到学生学习兴趣浓厚与否的关键因素。在平时的随堂课上，教师一般都让学生成四列横队进行练习，在武术学习中，可以让学生进行队形变换，如弧形、圆形、正方形等，有些是学生面对面地互练、互动，学生会比较感兴趣。学生的练习形式主要有集体练习和分组练习两种。集体练习时，也是可以变化的，不一定所有学生都进行同一动作、同一节奏的练习，可以分区域、分内容、分节奏学练，教师在组织过程中及时做好指导与点评就可以了。分组练习时，可以让学生自主练习，既要有规定动作练习也应有自创动作练习，培养学生寻求和发现新事物的能力，小组之间还可以有组间展示和互动等。

3. 整合开发，打造实验品牌课程

通过长时间的摸索与探究成功帮助学生走出困境，有效地激发了学生的兴趣。武术校队学生在教师的带领下，掌握了武术的基本功与运动技能，学生对武术套路和民族传统文化的喜爱程度越来越高。学生武术水平不断提高，曾多次参加校级、区级表演并获得优异成绩。

为了更好地开展传统文化武术进校园、进课堂活动，我校从本校的实际出发，从传承祖国悠久的传统文化出发，从增强学生的身体素质出发，从教师的特长出发，开发了“武术”“舞龙舞狮”校本课程，是充分利用学校的课程资源而自主开发的体育特色课程。透过武术校本课程教育促进学生主动全面发展，让每一个学生的个性得到更多的张扬。学校以此课题研究为抓手，本着“以武养德，以德立教”的办学特色，为学生成长发展创设多元的优良环境，从而推动学校整体教育品位的提升，产生了良好的社会效应。为更好地统筹安排各项资源，做到教练员、运动员、训练时间、训练场地器材四落实，及早地制订了切实可行的计划。通过努力，创建了武术校队，开展了武术校本课程。通过运动员选材，培养优秀的武术运动员，用武术进课堂的形式组织上课。

（四）德育成果

⑴2019年在朱禹丞老师的带领下参加了哈尔滨市武术套路锦标赛，并取得了四个第一、两个第二、三个第三的好成绩。

武术社团成员参加哈尔滨市武术套路锦标赛

⑵经过刻苦的训练，在2020年松北区国学节中为全区领导带来了《武魂　伞韵》的精彩演出。

在松北区国学节上表演《武魂　伞韵》

六、足球课程

(一) 课程宣言

在运动中寻找快乐，在比赛中建立自信。

(二) 课程目标

1.水平一(一、二年级)

(1) 激发队员对足球比赛的兴趣，培养集体主义精神及遵守纪律的良好作风。

(2) 发展球感和控球能力，学习基本的运球技术。

(3) 通过比赛领会“进球和阻止进球”这一足球比赛的基本战术思想。

(4) 培训正确的跑、跳技术，发展身体行动的协调性和灵敏性。

训练次数和时间：每星期一节课。训练内容：球性练习、运球。身体训练：正确地跑。心理训练：团队意识。理论传授内容：进球与阻止进球。比赛：3对3。考核项目：3个。

2.水平二(三、四年级)

(1) 进一步发展队员对足球运动的兴趣和爱好，学习和感受小组行为(包括帮助同伴与被同伴帮助、被同伴接受和认同等)。

(2) 继续发展球感和培养控球基本能力，提高控球和处理球过程中球和身体的协调程度，初步掌握基本的运、传、接技术，了解射、抢和头顶球。

(3) 了解战术行动准则，传授个人战术。

(4) 基本掌握正确的跑、跳技术，注重发展身体动作的协调性、速度和灵敏素质。

(5) 训练次数和时间：每星期一节课。训练内容：球性练习、运球、传接球。战术训练：二过一。身体训练：协调性、速度和灵敏素质。理论传授内容：二过一配合。比赛：5对5。考核项目：5个。

3.水平三(五、六年级)

(1)培养和巩固对足球运动的兴趣,形成对足球比赛的积极态度,培养良好的训练和比赛作风。

(2)充分利用提高足球技术的“敏感期”,全面系统地发展个人足球技术,在进一步发展球感和完善控球能力的前提下,注重发展技术动作的速率与时间的快速连接。

(3)传授战术基础知识,基本掌握各个战术要素,在全面发展个人战术的基础上,开始学习全队战术。

(4)在发展全面身体基础素质的前提下,注重培养队员的速度、灵敏度和协调性,基本掌握协调、快速、敏捷的足球专项跑、跳技术。训练次数和时间:每星期一节课。训练内容:基本的运、传、接技术,了解射、抢和头顶球。战术训练:二过一(掌握3种)。身体训练:全面身体基础素质。心理训练:积极态度。理论传授:比赛规则。比赛:5对5、7对7。考核项目:7个。

(三)课程简介

1. 足球的概念

足球是目前全球体育界最具影响力的单项体育运动,故有世界第一大运动的美称。足球主要以脚支配球为主,但也可以使用头、胸等部位触球(除守门员外,其他队员不得用手或臂触球;守门员只能在己方禁区内用手或臂触球),两个队在同一场地内进行攻守的体育运动项目。一场精彩的足球比赛,吸引着数以亿计的观众,它已成为电视节目中的重要内容,有关足球方面的报道,在世界各种报刊上出现,当今足球运动已成为人们生活中不可缺少的组成部分。

2. 足球的学习内容

(1)内容领域。

① 兴趣:足球游戏、足球常识、宣传推广活动、观赏比赛。

② 技术：球性练习、传球、接球、运球、射门、守门。

③ 身体素质：掌握正确的跑、跳动作，提升协调性、灵敏性和速度。

④ 战术：个人战术、整体打法。

⑤ 比赛：足球比赛规则的掌握和运用，三人制、五人制比赛。

(2) 课程内容。

	学习要求	学习内容	适用水平
足球知识	了解足球运动的历史、足球比赛的规则与场地知识，学习足球的技战术、足球裁判知识，掌握足球与健身的相关知识	足球知识启蒙 听球星、球队的故事	水平一
		讲足球规则、中国足球历史 看足球世界杯，欣赏精彩比赛	水平二
		国际足联 收集球星、球队的故事	水平三
		足球与健身	水平二、三
		足球战术	水平二、三
足球技能	掌握踢球、接球、运球、射门、掷界外球等动作要领，能准确流畅地完成各类动作	运球、传接球	水平一、二
		运球、传接球、射门（组合）	水平二、三
		掷界外球、头顶球	水平三
文化活动	结合文艺等方面的活动，开展创意设计，积累文化底蕴	学足球小游戏	水平一
		画足球想象画	
		做足球小游戏	水平二
		跳足球韵律操	
		编足球小游戏	水平三
		编足球韵律操	
		足球啦啦队 足球俱乐部	水平二、三

(3) 课程考核表。

根据学生年龄和身体特点，在低、中、高三个学年段分别设置了“颠球章”“传球章”“运球章”“射门章”。

章目年级	锻炼的目的要求与考核标准
颠球章 一、二年级	每天自行锻炼 10 ～ 30 分钟，培养球感，增加对足球的兴趣 能用单脚的正脚背连续颠球 3 个以上
颠球章 三年级	每天自行锻炼 10 ～ 30 分钟，培养球感，增加对足球的兴趣 能用双脚的正脚背交替连续颠球 5 个以上
传球章 四年级	能掌握用脚的内侧传球的动作要领 能用双脚的正脚背交替连续颠球 7 个以上 知晓长传、外侧传、头球传以及后跟传等传球要领
运球章 + 射门章 五、六年级	能够快速运球，动作协调、灵活 能在跑动中急停、急转，做出规避动作，且动作协调、舒展、实用运球过障碍接射门或传球组合动作

(四) 德育成果

足球社团成立以来，同学们积极性非常高，每次的课程都能学到新的本领，增强了体质，锻炼了吃苦耐劳的精神，培养了团结一致、永不放弃的品质。在各种比赛中得到了锻炼，并取得了优异的成绩。

"足球社团" 精彩瞬间

星月书院

一、星月书院介绍

书院理念：为了提高教育教学质量，促进学生的发展，更好地践行社会主义核心价值观，准确把握其科学内涵和精神实质，将其贯穿于教育教学全过程，星月书院在全校开设“价值观引领课程”，在七、八、九年级开设分层走班的“固本提质课程”，进行分类推进、分层提高，使优秀学生得到了更好的发展，中等生得到了较大进步，学困生找到了前进的动力。我们要在初中给学生全面、扎实的基础知识、基本技能的同时，凸显学生的学科优势、挖掘学生的学科潜质，为学生的未来发展预留足够空间，为培养德智体美劳全面发展、特长突出的学生提供多种渠道。我们将有的放矢，按计划、按步骤逐步达成目标，在培元课程中渗透德育教育，讲好学科故事、践行价值观。路漫漫其修远兮，我们将与学生在学习的道路上相携相伴，共同求索，从而实现立德树人的根本目的。

星月书院图徽

二、固本提质课程

(一) 课程负责人

数、语、英、物、化任课教师。

(二) 课程目标

为了更好地实现“丰实生命　创验未来”的校本价值观，遵循紫冰花课程体系，加大学生对于学科的喜爱，我们从理论上、实践上展开了对培养尖子生、指导学困生的研究和实验。为了全面提高我校学生的各科成绩，体现出“尖子生吃得好，中等生吃得饱，学困生吃得了”，获取大面积丰收，我们在七、八、九年级开设了“固本提质课程”，以缓解尖子生不尖、学困生偏科、优秀学生从实验学校转走等现象。

（三）课程简介

学校带领各学科教师共同制定了针对“固本提质课程”的工作目标，使我们对七、八、九年级开展“固本提质课程”的学科教师明确了在“固本”和“提升”方面的一些基本措施和要求。在“固本”方面，一是要求每位教师都要摸清学困生学习困难的原因，补救知识漏洞，激发学生的学习动机，增强信心，教给学生学习方法。二是可以通过开展互帮互助活动，让后进生感受到集体的温暖。三是让后进生品尝到成功的喜悦，如发放喜报、向家长汇报学生在学校的进步情况等。在“提质”方面，一是要求教师优化备课。备好学生、备好教材、备好练习，向课堂40分钟要质量，尽可能利用最少的时间发挥最大的效率。二是要求教师精心设计教案和编写习题。习题设计要有梯度，紧扣重点、难点、疑点，面向大多数学生，符合学生的认知规律，巩固基础，启发学生思维；习题讲评要围绕重点，引起学生高度注意，让学生学会解答；解答习题要有多个角度，一题多解、一题多变、多题一解、举一反三、反三归一，扩展思路，培养学生思维的灵活性、广阔性和变通性；解题训练要精选构思巧妙、新颖灵活的典型题，练不在数量而在质量。三是注重培养学生的创新精神。让学生把学到的知识与现实生活结合起来，激发他们深入研究、灵活运用所学知识解决实际问题的兴趣。

在课堂教学中，我们采用分层推进授课法。对于基本知识回顾、基本技能训练和课堂归纳小结，无论哪个层次学生都必须参与，同步进行；对于重点知识的延伸拓展，并把所学知识迁移到习题中时，根据学生的层次进行不同层次的概念理解和不同要求的探究。这样一来，各个层次的学生都有了思考和回答问题的机会，每名学生在课堂中都能积极参与，并追求自我突破和成功。

七年级的“固本提质课程”分为固本和提质两部分。分别开设数学学科固本课、提质课，英语学科固本课、提质课，语文学科固本课，共五门课程。

八年级作为中考前的倒数第二年尤为重要。为贴近中考实战，八年级的“固本提质课程”开设的科目为数学、语文、英语、物理、化学五门中考科目，我们希望学生能更早地体验、体会这五门学科对初中学习的重要性。

学生升入九年级，中考迫在眉睫。老师们既感同身受地体会到了实验学子们内心的压力，也清晰地认识到了他们的个体差异。九年级将全学年参加中考的学生分为A、B、C、D、E五个班级，成绩由高到低，其中A班目标为省重点，B班为省重点和市重点，C班为市重点，D班和E班以补习基础知识为主。九年级的“固本提质课程”同样包含语文、数学、英语、物理、化学五门科目，每个班级都有一名班主任，负责班级的课上纪律、课下卫生、安排流动学生等工作。每个班级都有固定的科任教师，针对班级学生的整体情况来设计适合学生的题型。每个班级的教学内容完全不同，任课教师要根据本班学生的特点对症下药，选择适合本班学生的试题进行详解。

三、价值观引领课程

(一) 课程负责人

学校全体教师。

(二) 课程简介

1. 学科素养导向下的课堂观察与课例研究

2017年3月我校成立了落实学科素养的研究项目组，开展了“学科素养导向下的课堂观察与课例研究”校本研修活动，通过课例研究，深入挖掘教育教学各环节、各学科核心素养内容，构建起融入社会主义核心价值观的核心素养体系，借助课堂观察量表，观测分析教师教学行为、学生学习状况，及时反思、调整，促使教师全面提升教育教学能力。

2. 讲好学科故事，培育学科素养

根据学生年龄段特点，依据不同核心素养要求，设计不同的情景，讲述不同的励志故事，和学生共同体验伴随知识产生而呈现出的人物、事件及影响，使学生对科学家和工匠精神因敬佩而感到震撼，进而养成必备品格和关键能力。

集备共享，讲好学科故事

实践进德

杜威在道德教育理念体系中曾说过："学校中的道德教育最重要的问题，是关于知识和行为的关系。"他提出了"知行统一"的德育知行观。正如杜威所倡导的，理想的德育教育追求的绝不是对学生进行单向的、被动的道德观念的灌输，而是在实践中去做德育，让学生通过亲身体验增进自己的德行。我们希望，通过实践进德的体验模式和项目模式，于风霜雨雪的磨砺中铸就紫冰花少年的品德修为，这是整个"紫冰花"德育工作体系创验实施的重点。

所谓体验模式，是通过1～2年级的场馆体验类活动和3～4年级的生活体验类活动发挥其对低年段学生的品德培养作用。所谓项目模式，是通过5～7年级的探究项目类活动和8～9年级的公益项目类活动发挥其对高年段学生的品德培养作用。这两种德育模式是"内在体验"与"外在行动"的统一，是对杜威德育知行观的很好践行。

实践进德的总体设计

实践进德是育人体系中最关键和最重要的模式，从内容上看，对接社会主义核心价值观的培育和践行；从形式上看，是通过体验类活动和项目类活动强调参与性，进而实现育人目标；从机制上看，具有贯通九年的一致性、连贯性和发展性特点。

一、设置逻辑严密、螺旋上升的实践目标

设置了三个实践目标层级，并与社会主义核心价值观三个层面一一对应。首先要让学生知道国家的价值目标，这是社会主义核心价值观的最高表现。富强、民主、文明、和谐指明了中国要到哪里去，它们揭示了民族复兴的目标。其次要让学生知道社会的价值取向，这是社会主义核心价值观的重要内核。自由、平等、公正、法治明确了要建设什么样的社会，它们构成了社会发展的根基。最后要让学生知道个人的价值准则，这是社会主义核心价值观的坚实基础。爱国、敬业、诚信、友善强调了要培养什么样的公民，它们是公民道德行为的准则。

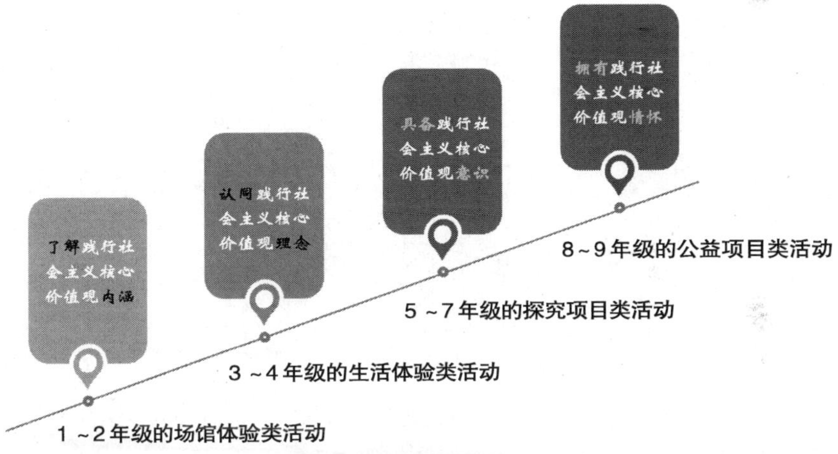

1～9年级实践目标

1～9年级各个学年段由于学生身心发展特点和认知特点的不同，在践行社会主义核心价值观过程中会产生不同的认识。为此学校参照《中小学德育工作指南》中对小学低年级、小学中高年级、初中学段的学段目标划定，结合学校“四–三–二”的学制特点，设置了阶梯式的实践目标：1～2年级重在通过场馆体验类活动了解社会主义核心价值观的内涵，3～4年级重在通过生活体验类活动认同社会主义核心价值观的理念，5～7年级重在通过探究项目类活动具备践行社会主义核心价值观的意识，8～9年级重在通过公益项目类活动拥有践行社会主义核心价值观的情怀。

二、制定 1 ~ 9 年级各学年段上下贯通的实践主题

实践主题是各学年段开展德育实践活动的主要抓手，它使得九年一贯制下的社会主义核心价值观实践培育内容一以贯之，逐步深入。依据《中小学德育工作指南》《关于培育和践行社会主义核心价值观的意见》中提出的在培养社会主义核心价值观过程中要特别注重传统文化教育、心理健康教育、社会法治教育、公民意识教育、理想信念教育、生态文明教育的内容，我们设置了国家、社会、个人三个实践目标层级的六大实践主题：在国家层面践行“理想信念”和“生态文明”主题，在社会层面践行“公民意识”和“社会法治”主题，在个人层面践行“传统文化”和“心理健康”主题。

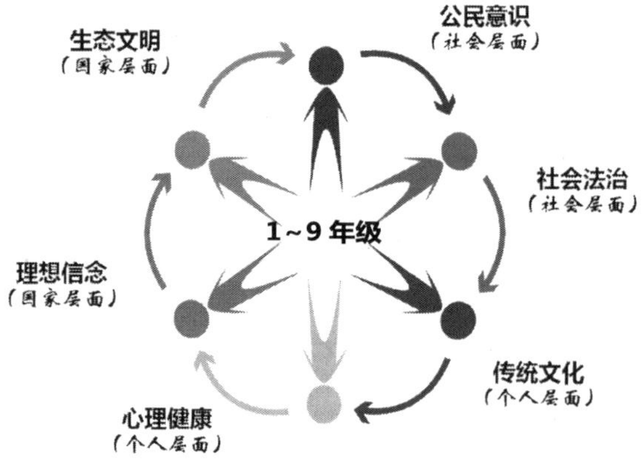

1 ~ 9 年级的六大实践主题

三、形成 1 ~ 9 年级各学年段的特色实践活动

围绕六大实践主题，结合学校开展的品牌德育活动和政策重点要求开展的德育内容，形成了各学年段共38个实践活动。考虑到低学段德育实践课时较多，高学段较少，1 ~ 2年级和3 ~ 4年级分别开展了10个特色实践活动，5 ~ 7年级和8 ~ 9年级分别开展了9个特色实践活动。比如，在3 ~ 4年级“传统文化”主题下我们开展了“快乐中秋，幸福分享”活动，通过让学生观看介绍中秋节来历的短片，品尝代表团圆、吉祥的月饼，欣赏中秋节经典诗词歌

赋，了解有关中秋节这一中华传统节日习俗，在中秋这样一个阖家团圆的日子，在这样的一个节日气氛里，孩子们品读古诗，感怀乡愁，把弘扬传统文化意识和乡愁情怀融入到他们的所思所行之中。再如，在5～7年级“理想信念”主题下我们开展了“奇思妙想科技梦”活动，通过让学生在科技节中参观科技展览、尝试科技实验、进行科技展示，提高学生的科学素养，培养学生的科技志向，在体会科技强国的过程中具备了“富强”的意识。因为有实践目标的向导和实践主题的牵引，各学年段学生在特色实践活动中获得了真实的成长，通过九年不断的德育实践与德育积累，学生对社会主义核心价值观的理解越来越深刻，道德品质越来越散发出“紫色”的优雅之气。

4个学年段	3个目标层面、48个分目标			6个主题	38个活动
	国家	社会	个人		
1～2年级（场馆体验）	了解富强内涵 了解民主内涵 了解文明内涵 了解和谐内涵	了解自由内涵 了解平等内涵 了解公正内涵 了解法治内涵	了解爱国内涵 了解敬业内涵 了解诚信内涵 了解友善内涵	传统文化 心理健康 社会法治 公民意识 理想信念 生态文明	10个活动
3～4年级（生活体验）	认同富强观念 认同民主观念 认同文明观念 认同和谐观念	认同自由观念 认同平等观念 认同公正观念 认同法治观念	认同爱国观念 认同敬业观念 认同诚信观念 认同友善观念		10个活动
5～7年级（探究项目）	具备富强意识 具备民主意识 具备文明意识 具备和谐意识	具备自由意识 具备平等意识 具备公正意识 具备法治意识	具备爱国意识 具备敬业意识 具备诚信意识 具备友善意识		9个活动
8～9年级（公益项目）	拥有富强情怀 拥有民主情怀 拥有文明情怀 拥有和谐情怀	拥有自由情怀 拥有平等情怀 拥有公正情怀 拥有法治情怀	拥有爱国情怀 拥有敬业情怀 拥有诚信情怀 拥有友善情怀		9个活动

四、重点实践活动的一贯制设计

学校高度结合义务教育阶段的教育要求，注重发挥九年一贯学制的优势，关注实践活动的目的性、目标性、连贯性和发展性，围绕学生成长的不同阶段以及身心特点，立足实践内容的社会性和教育性，强化了“德泽生命”“实验雅行”“经纬中华情”等精品校本课程在实践活动中的育人导向作用，让“德泽生命”课程超越了行为养成而更关注整个生命的丰实，让“实验雅行”课程超越了文明理解而更关注个体气质的修炼，让“经纬中华情”课程超越了身心历练而更关注民族情感的建树。如此，“德泽生命”“实验雅行”“经纬中华情”校本课程兼具了多种育人功能，成为学校的精品课程。

1.“德泽生命”实践活动——“立德树人、润泽生命”

将德行教育与生命成长紧密联系在一起，确立了“创设一次实践，获得一种体验；经历一种体验，收获一番感悟；体会一番感悟，内化一个品德；形成一个品德，厚泽一种生命”的课程目标，以实践活动为载体，通过创设生态德育场域，增进学生体验感悟，从而让学生不断滋养大美之德。该实践活动包括仪式实践活动、传统节日实践活动、校园节日实践活动、四季实践活动、五爱实践活动和生命教育实践活动。

“德泽生命”实践活动项目计划推进表如下：

团委和少先队“德泽生命”课程总表

项目	内容
仪式教育	成长礼：新生入学式　入队仪式　大队干竞选　晋级仪式　新生军训　学生会竞选　入团仪式　百日誓师大会　毕业礼
校园节日	艺术节　体育节　科技节　读书节　国学节　书法节
四季教育	春季迎春天　夏季享夏日　秋季感秋韵　冬季玩冰雪
五爱教育	爱祖国　爱人民　爱科学　爱劳动　爱社会主义
传统节日教育	元旦　中秋节　清明节　重阳节　端午节　春节　元宵节　龙头节
生命教育	环境教育　安全教育　禁毒教育　健康教育　心理教育　防艾滋教育　法制教育

团委和少先队“德泽生命”课程月计划

时　间	项　目	负责部门
九月 9.1—9.29	1. 成长礼：新生入学式 2. 成长礼：新生军训 3. 校园节日：艺术节 4. 节日教育：教师节　亲爱的老师谢谢您 5. 爱国教育：九一八事变 6. 节日教育：迎国庆文艺演出 7. 节日教育：团团圆圆过中秋 8. 安全教育：安全演练	1. 一学年　六学年　大队部　团委 2. 一学年　六学年　政教 3. 艺术综合 4. 团委　大队部 5. 人文综合 6. 艺术综合 7. 团委　大队部 8. 后勤
十月 10.8—10.30	1. 成长礼：入队仪式 2. 成长礼：大队干竞选 3. 校园节日：体育节 4. 四季教育：找秋天　树叶贴画展 5. 节日教育：九九重阳学敬老 6. 法律教育：法律讲堂 7. 安全教育：安全演练	1. 二学年　大队部 2. 三学年　大队部 3. 健康综合 4. 一学年　大队部　艺术综合 5. 团委　大队部 6. 人文综合 7. 后勤
十一月 11.3—11.27	1. 校园节日：科技节 2. 爱国教育：一二·九运动　演讲比赛 3. 安全教育：安全演练 4. 四季教育：玩冰雪　紫冰花少年上冰雪活动	1. 科学综合 2. 六学年　人文综合 3. 后勤 4. 健康综合
十二月 —二月 12.1—12.29	1. 爱国教育：西安事变　南京大屠杀国耻日 2. 爱社会主义教育：12.26 毛泽东诞辰 124 周年文艺会演 3. 节日教育：元旦联欢会 4. 安全教育：安全讲座 5. 节日教育：春节　元宵节　龙头节（寒假实践作业）	1. 人文综合 2. 一学年　艺术综合 3. 政教　团委　大队部 4. 后勤 5. 团委　大队部
三月 3.1—3.30	1. 爱人民教育：学雷锋 2. 成长礼：学生会竞选 3. 成长礼：百日誓师大会 4. 四季教育：迎春天　我在实验有棵树 5. “兰亭杯”师生硬笔书法大赛 6. 安全教育：安全演练	1. 团委　大队部 2. 七学年　政教 3. 九学年 4. 团委　大队部 5. 语文 6. 后勤
四月 4.2—4.28	1. 节日教育：清明节　参观东北烈士纪念馆 2. 校园节日：读书节　国学节 3. 节日教育：劳动节　亲子运动会 4. 安全教育：安全演练	1. 一学年　六学年　大队部　团委 2. 语文 3. 健康综合 4. 后勤
五月 5.2—5.31	1. 节日教育：母亲节 2. 第三届田径运动会 3. 安全教育：安全演练	1. 团委　大队部 2. 健康综合 3. 后勤
六月 6.4—6.29	1. 四季教育：享夏日　乐享游园 2. 成长礼：毕业式 3. 节日教育：父亲节 4. 佳节教育：端午节　荷包展 5. 成长礼：入团仪式 6. 节日教育：党的生日 7. 安全教育：安全讲座 8. 暑假社会实践	1. 一学年　二学年　三学年　大队部 2. 九学年 3. 团委　大队部 4. 大队部　小学地方 5. 八学年　团委 6. 团委 7. 后勤 8. 团委　大队部

2.“实验雅行”实践活动——“儒雅气质，品行修为”

把爱国主义教育、行为规范养成教育、劳动教育、法制教育、生命教育等有机结合起来，确立了“打造精神特质，养成良好习惯，树立儒雅品行，成就大雅君子”的课程目标。君子，已经成为一种人格理想，因此，课程以君子怀德、君子有礼、君子中庸、君子知耻等为起点，针对学生的学习习惯、生活习惯、交友习惯、健康习惯、行为习惯等方面进行了规范，并结合学生年龄和学习生活的实际情况，设置了逐步递进的养成教育主题和内容。

课程以“因材施教，分段培养，知行合一”为理念，依据课程结构来设置，根据不同年级的学生需要，结合学生年龄和学习生活的实际情况，开展不同年级下的主题内容。

“实验雅行”鉴赏课程框架与结构

课程框架	框架说明
学习习惯	良好的学习习惯，有利于激发学生学习的积极性和主动性，形成学习策略，提高学习效率，培养自主学习能力
生活习惯	生活习惯是在平时生活中养成的，好的生活习惯不仅让生活变得既方便又美好，还会让身体和大脑变得强大
交友习惯	掌握交友方法，有利于提高情商，增长见识，将正能量渗透在学习生活中，全方位地迅速成长
健康习惯	身体是革命的本钱，好的身体才能创造出更多的价值，养成良好的健康习惯，促进正确思想的发展
行为习惯	提高正确的分析和判断能力，培养顽强的意志力，是独立于社会的基础
其他习惯	学生核心素养的培养，让核心素养成为学生身上特有的文化符号

3.“经纬中华情”实践活动——“行走天下，情满中华”

“经纬中华情”课程把“以世界为课堂，以天下为己任”作为理念，鼓励学生走出学校，走向地大物博的祖国，走向多元多样的世界，确立了“强健自身体魄，开阔人生视野，理解多元文化，培养天下情怀”的课程目标，通过课内学习，课外实践，让学生在“无边界”的学习过程中搭建起完整的“知识立交桥”，形成对多元文化的理解力和包容力。“经纬中华情”课程包括了对中华十大古都和具有特殊意义的城市共14个国内主题城市以及3个国外主题城市的研学课程学习。

“经纬中华情”课程，从小的方面讲，是希望孩子们能够在研学途中强健自身体魄，开阔个人视野；从大的方面讲，则希望孩子们能够理解多元文化，培养天下情怀。

“经纬中华情”课程从课程构架上来说，应为学生呈现出一条具有积极参与兴趣的“旅行路线”，在这趟“旅行专列”上，各学科以一种隐性存在的形式贯穿到研学主题中去，我们将国内外的主题城市作为“经纬中华情”课程的主题，在具体课程内容的设计上，大致会以“衣、食、住、行”四个方面作为切入点，更会细化到该城市历史背景、名胜古迹、民俗民风、歌舞、美食等相关知识，并且充分与各学科相关联，使各学科围绕“经纬中华情”课程的主题设计学科实践课程。

“经纬中华情”课程框架结构

国内主题城市	国外主题城市
1. 西安 2. 南京 3. 北京 4. 洛阳 5. 开封	1. 俄罗斯哈巴罗夫斯克市
6. 杭州 7. 安阳 8. 郑州 9. 大同 10. 咸阳	2. 新加坡
11. 台湾 12. 成都 13. 厦门 14. 香港	3. 日本新潟市

“经纬中华情”“西安主题”课程内容设置

	小学部		初中部	
西安主题	学科	课程内容	学科	课程内容
	音乐	信天游　大歌王	音乐	梦回古都
	音乐	听秦腔　赏皮影	历史	西安历史文化及名胜古迹
	舞蹈	打腰鼓　展豪情	地方	西安之旅
	音乐	西安鼓乐		
	美术	西安古建筑		

“经纬中华情”“台湾主题”课程内容设置

	小学部		初中部	
	学科	课程内容	学科	课程内容
台湾主题	地方	品味台湾美食	生物	游台湾　品特色
	地方	味道台湾	地理	台湾自然景观
	历史	台北“故宫博物院”展品赏析	地方	台湾饮食文化
	地方	台湾的民俗风情	音乐	台湾流行音乐
	形体	台湾舞蹈	语文	台湾人文历史
	地方	台湾语言	地方	台湾风景的传说
	历史	台湾景点与饮食文化		
	历史	台湾风景名胜		
	地方	台湾旅游及名胜古迹		
	音乐	小童谣　大乐趣		
	美术	走进台湾艺术馆		

“经纬中华情”“成都主题”课程内容设置

	小学部		初中部	
	学科	课程内容	学科	课程内容
成都主题	地方	川剧变脸文化	历史	成都名人
	地方	四川特产	地方	四川景点介绍
	音乐	四川民歌文化	地方	“神”四川
	美术	走进成都皮影艺术博物馆	音乐	四川少数民族音乐
	地方	四川神奇的动物	语文	成都人文及美食
	地方	四川经典民俗		
	地方	四川方言		
	地方	四川美食		
	美术	四川民居		

1 ~ 2 年级的场馆体验模式

1 ~ 2年级以了解社会主义核心价值观的内涵为目标，围绕3个层面下的6大主题，开展10项实践活动。

1 ~ 2 年级实践教育主题与活动

<table>
<tr><th colspan="2">目标</th><th>主题</th><th>10 个活动</th></tr>
<tr><td rowspan="4">国家</td><td>了解富强内涵</td><td rowspan="2">理想信念</td><td rowspan="2">少先队的强国梦（“德泽生命”）
认识我们的祖国（全球视野主题内容）</td></tr>
<tr><td>了解民主内涵</td></tr>
<tr><td>了解文明内涵</td><td rowspan="2">生态文明</td><td rowspan="2">九九重阳学敬老（“德泽生命”）
找秋天（“德泽生命”）</td></tr>
<tr><td>了解和谐内涵</td></tr>
<tr><td rowspan="4">社会</td><td>了解自由内涵</td><td rowspan="2">公民意识</td><td rowspan="2">中国公民责任意识（儒雅气质主题内容）</td></tr>
<tr><td>了解平等内涵</td></tr>
<tr><td>了解公正内涵</td><td rowspan="2">社会法治</td><td rowspan="2">模拟法庭大讲堂（“德泽生命”）</td></tr>
<tr><td>了解法治内涵</td></tr>
<tr><td rowspan="4">个人</td><td>了解爱国内涵</td><td rowspan="2">传统文化</td><td rowspan="2">东北烈士爱国心（“德泽生命”）
不说谎话好少年（“实验雅行”）</td></tr>
<tr><td>了解诚信内涵</td></tr>
<tr><td>了解敬业内涵</td><td rowspan="2">心理健康</td><td rowspan="2">烈火英雄消防情（“德泽生命”）
感恩实验有你有我（儒雅气质主题内容）</td></tr>
<tr><td>了解友善内涵</td></tr>
</table>

一、生态文明——找秋天

(一) 创意及培养目标

哈尔滨市实验学校为了让一年级的孩子们领略自然风光，培养学生的观察能力与实践能力，并激发学生们热爱大自然的情感，开展了以“找秋天”为主题的综合实践课。

（二）实施过程

在活动之初，学校做了充分的准备工作，各个班级都召开了以“安全出行”为主题的班会，针对本次活动的目标、活动前准备和活动时要注意的事项都进行了系统教育。

10月20日，秋高气爽，下午1时，老师和孩子们排着整齐的队伍，踩着轻快的步伐，兴高采烈地向目的地走去。孩子们无比兴奋与激动，他们对每一片树叶都充满好奇，认真观察，开心自豪地与伙伴们分享。秋天在孩子们的眼睛里，秋天在孩子们共同成长的回忆里。老师们也被这欢乐的气氛包围着，与紫冰花宝贝们共同享受着秋天的美景。

孩子们是美的发现者，找到各种形状颜色鲜亮的秋叶，他们满意而归，带着满满的秋的印记，制作一幅幅树叶画，把秋天最美好的画面留在了实验学校的长廊里！

通过此次“找秋天”的实践活动，孩子们亲近了大自然，不仅使他们在学校的生活过得更愉快，更充实，更丰富，而且使冰雪聪明的紫冰花宝贝们寻找到秋天，感受到美好秋天的到来。

（三）总结反思

整个活动在孩子们的欢声笑语中结束，活动后教师们对整个过程进行总结反思，由于孩子们年龄小，出去游玩一定要加强管理和监督措施。本次活动各个环节的安全防范措施都能做到层层落实，责任到人。今后在重大活动前必须打好提前量，设定好各项工作的时间节点，这样才能做到游刃有余、从容不迫。

二、公民意识——中国公民责任意识

（一）创意和培养方向

社会主义核心价值观的基本内容，分为国家、社会和个人三个层面。其中个人层面的要求目的在于培养具有昂扬正气、积极向上、敢于承担的高尚品格的公民。责任感不仅是道德的核心，也是中华民族优秀传统文化的一部分，每个公民都有义务承担责任。学生作为国家未来的生力军，其责任意识的强弱程度必将会在一定程度上影响到社会主义和谐社会和社会主义现代化建设的进程。

(二) 实施过程

从进入校园开始，就有目的、有计划地培养学生的公民责任意识，在1～2年级，举办“中国公民责任意识”社会实践活动。低年级重在从丰富的社会实践中体验如何做好中国公民。在假期，1～2年级各班根据班级的实际情况，分别进行了“保护环境，从我做起”清理垃圾公益活动、助残献爱心捐赠活动、我为环保工人夏日送清凉、关爱自闭症儿童活动、我是小小交通警等一系列增强公民责任感的社会实践活动。

(三) 总结和反思

这是学生最快乐的社会生活体验，让学生们感到原来我可以做这么多有意义的事情，原来这是在承担着一个社会赋予每一个公民的责任。我不再是那个只会向父母索取的小孩，我也可以为社会做出更多贡献。

三、心理健康——感恩实验有你有我

为表达感恩之情，感谢家长、老师给予自己的一切，实验的紫冰花宝贝们利用课余时间，亲手制作了精美的感恩贺卡，送给他们想要感谢的人。

(1)感恩同学：是你们陪我玩耍、成长，我们一起在操场上奔跑，一起在教室里学习，一起放学回家，我们可以畅谈心中的感受，彼此关心，彼此照顾，时而哈哈大笑，时而争得面红耳赤，但却不会放在心上，因为我们是最好的朋友。

(2)感恩家长：是你们给予我们生命，给我们一个温暖的家，从蹒跚学步到上学读书，每一个过程，每一天，每一个点滴，都有你们汗水的痕迹。在你们的照顾下，我们在这个幸福的家中快乐成长。我们一定会好好学习，努力上进，用更加优秀的自己回报你们。

(3) 感恩老师：是您教会我写字，是您教会我读书，教室里有您陪伴我们学习，操场上有您陪伴我们玩耍。您陪伴着我们进步，让我们在知识的海洋中尽情地遨游；您陪伴着我们成长，让我们懂得勤奋努力才能取得成功。老师，谢谢您！老师您辛苦了！

(4) 感恩学校：绿草如茵的操场，窗明几净的教室，天真烂漫的同学，和蔼可亲的老师，让我们幸福地度过学校生活；创新科技的功能馆室，让我们尽情体验；多种主题的特色课程，让我们增长见识。我们在学校的助力下，丰实生命，创验未来。

3～4年级的生活体验模式

3～4年级以认同社会主义核心价值观的理念为目标，围绕3个层面下的6大主题，开展10项实践活动。

<table>
<tr><th colspan="2">目标</th><th>主题</th><th>10个活动</th></tr>
<tr><td rowspan="4">国家</td><td>认同富强观念</td><td rowspan="2">理想信念</td><td rowspan="2">我为国庆献份礼（“德泽生命”）</td></tr>
<tr><td>认同民主观念</td></tr>
<tr><td>认同文明观念</td><td rowspan="2">生态文明</td><td rowspan="2">亲子劳动家庭美（“德泽生命”）
文明用语挂嘴边（儒雅气质主题内容）</td></tr>
<tr><td>认同和谐观念</td></tr>
</table>

目标		主题	10个活动
社会	认同自由观念	公民意识	做文明的消费者（“实验雅行”） 权利义务生活中(政策　法律启蒙教育）
	认同平等观念		
	认同公正观念	社会法治	我做校园小法官(政策　校园法治文化） 社区法治宣传员(政策　法律启蒙教育）
	认同法治观念		
个人	认同爱国观念	传统文化	端午节荷包展（“德泽生命”）
	认同诚信观念		
	认同敬业观念	心理健康	尊师重道敬师恩（“德泽生命”） 我是你的小老师（学习习惯主题内容）
	认同友善观念		

一、公民意识—— 做文明的消费者

(一) 创意和培养方向

随着中国经济的不断发展，人民生活水平的日益提升，中国公民的消费开始多样化，消费的实力在不断提升。那么，消费者的文明素养也要随着市场的发展有所提升，让文明素养跟得上社会发展的脚步。3～4年级的学生已经开始有了初步的消费行为，对于刚刚接触市场的孩子来说，从小就培养他们文明消费的观念是最易产生显著效果的，有利于从小形成正确的金钱观。所以针对3～4年级的学生开展“做文明的消费者”的社会实践活动。

(二) 实施过程

第一步：教师在班会课上，进行做文明的消费者的宣传，让学生了解到哪些行为是文明消费，哪些行为是不文明消费。

第二步：在周末和假期，进行消费活动的实践。比如：在饭店吃饭要光盘，不能为追求食物的丰盛而浪费；在公共场所消费、书店购买图书要安静，不能大声喧哗；在商场或者超市购物，将挑选后放弃购买的商品放回原位等。

第三步：同学们交流作为文明消费者的经验和感受。

（三）总结和反思

学生们在家长和老师的指导下进行消费。孩子们收获了全新的生活体验，还从另外的一个角度认识到自己的文明行为对市场、社会的影响。

二、生态文明——文明用语挂嘴边

为培养我校学生做文明礼貌的好少年，我校雅行课程开展了“文明用语挂嘴边”的主题课程。鲁迅先生曾说：“语言有三美，意美在感心，音美在感观，形美在感目。”简洁的“三美”点出了语言和谐文明的要义。社会主义核心价值观第一层面就提出“文明”，文明最简单的表达就是文明用语，文明用语是文明社会的缩影，渗透于日常生活的方方面面。“您好”“谢谢”“对不起”……这些文明用语体现了对他人的尊敬和友爱。

(1)班会上，学生们首先通过图片中展现的小故事判断对错，每位同学都能够准确地判断出图片中的做法是否正确。又通过一个小故事了解了使用文明用语给我们带来的快乐和赞扬。同学们还学会换位思考，如果自己是故事里的主人公，会怎样做。

(2)班会设置趣味知识问答环节，利用抢答的方式，让学生学会在不同情况下正确使用文明用语。随后，同学们一起学习了文明校园“十要求”，风趣幽默的打油诗让同学们轻松地记住要做一名讲文明懂礼貌的好学生。

(3)朗读文明用语。老师拿出卡片，带领同学们一起大声朗读生活学习中经常用到的文明礼貌用语。在同学们铿锵有力的朗读声中，能够听出他们已经明白了文明用语的重要性，相信紫冰花宝贝在今后的学习生活中能够把文明用语挂在嘴边，记在心里。

三、传统文化——端午节荷包展

（一）创意及培养目标

根据哈尔滨市实验学校培养紫冰花宝贝的育人目标，经小学部教务处、大队部及校领导的多方商讨，将端午节荷包展主题定为“浓浓艾粽香　深深实验情”。端午节荷包展以“联系师生情”为主线，以培养学生创新意识为核心，将整个活动项目分为三项：制荷包、赠荷包、展荷包。意在培养学生了解中华传统文化及节日习俗，增强动手技能和创新思维，师生间互相传递节日祝福、增进师生情谊。

（二）实施过程

1. 制荷包——创新设计　巧手编荷包

小学部的紫冰花宝贝们利用课堂上学习的手工技巧，巧妙地编织了漂亮的端午节荷包。形态各异的荷包体现了紫冰花宝贝们非凡的创意智慧和心灵手巧。

2. 赠荷包——礼轻情意重　荷包赠老师

小学部的紫冰花宝贝们运用课下时间把他们制作的荷包当作节日惊喜赠送给老师，荷包饱含了他们的诚心与耐心，饱含了他们浓浓的节日祝福，饱含了他们对老师深深的敬爱之情。

3. 展荷包——回赠祝愿寄语　实验教师展荷包

收到荷包礼物的实验教师们把礼物布置成“端午节荷包展”。教师们在每串荷包作品旁都贴上了回赠给学生的祝愿与感谢的寄语，这些节日寄语有的饱含谆谆教导，有的描绘了学生美好的品格和灵动的风姿，有的妙笔生花地讲述了师生日常相处的趣事。荷包展整体效果上佳，展区内容丰富多彩，体现了实验学校丰实至善、弘扬传统文化的宗旨，展现了实验师生美好的情感联系。

（三）总结反思

端午节荷包展，事后对整个项目进行梳理，准备仓促及设计不够精细导致各个部门在活动前出现了活动时间不足、准备不充分、设计分配不合理的现象，今后在重大活动前必须充分预设、预计好活动的实施效果，反复推敲、统筹协调好各个工作的时间节点，使活动达到预期目标，做到尽善尽美。

5～7年级的探究项目模式

5～7年级以具备社会主义核心价值观的意识为目标，围绕3个层面下的6大主题，开展9项实践活动。

目标		主题	9个活动
国家	具备富强意识	理想信念	奇思妙想　玩转科技（“德泽生命”）
	具备民主意识		
	具备文明意识	生态文明	我在实验有棵树（“德泽生命”） 爱我家乡冰雪情（“德泽生命”）
	具备和谐意识		
社会	具备自由意识	公民意识	老百姓的中国梦（政策　中国梦教育） 我是校园小主人（“德泽生命”）
	具备平等意识		
	具备公正意识	社会法治	法治大讲堂（政策　社会法治教育）
	具备法治意识		
个人	具备爱国意识	传统文化	铁骨少年铸军魂（“德泽生命”） 一二·九红色演讲（“德泽生命”）
	具备诚信意识		
	具备敬业意识	心理健康	敬业雷锋好伙伴（“德泽生命”）
	具备友善意识		

一、理想信念——奇思妙想　玩转科技

(一) 创意及培养目标

哈尔滨市实验学校为营造校园浓郁的科学氛围，让紫冰花少年走近科技，感受科技，体验科技的魅力，培养紫冰花少年成为活力小创客。哈尔滨市实验学校于每年的11月举办校园科技节。

(二) 实施过程

校园文化科技节的主题是：“奇思妙想　玩转科技。”小学部和初中部针

对不同学年段的学生都有不同内容、不同场次的安排：小学部科技节邀请火星俱乐部的教师走进班级，组装神奇的无线电波传递金属探测仪，学生被分成了几个小组，积极实践，勇敢创造。小学部科技专场是航模表演、机器人搭建现场及卡魅课程的激光切割展示；初中部科技节包括了物理、化学、生物三大学科的互动性现场实验："鸡蛋上碎大石"、"天女散花"、"走马灯"、制作降落伞、"大象牙膏"化学实验、游戏"夹格尺"讲解反射弧……从11月13日至20日历时整整一周的时间里，天天都有内容丰富、形式多样的科技现场活动。学校的文化大厅里物理、化学、生物、卡魅、机器人展区一到课间吸引着大批的学生。

(三) 总结反思

科技教育的主体是面向学生，以提高学生科学素养为前提，培养学生的综合实践能力，增强科技意识。学习与科技教育是相辅相成的，将书本的知识学以致用，从而对课本知识的理解加深了，成绩也进一步提高了。所以要加大科技节宣传力度，首先要让教师端正思想，更正怕影响教学成绩的错误观念，积极引导学生参加到科技节活动中去，让学生在活动中成长，成绩在活动中提高。在"校园科技节"一系列活动中，教师只是充当一个引导者，而不应该是一个操纵者，要尊重学生的想法，引导其一步步去实现自己的构想。

二、生态文明——我在实验有棵树

每年的3月12日是植树节，为了让实验人共同美化实验校园、爱护实验校园，进一步倡导"植绿、护绿、爱绿"的生态文明理念，让师生们共同体验劳动的快乐，增强环保意识，实验学校组织全体师生在种植区举行植树绿化活动。

冬天的寒意还未褪尽，学校已为绿化工作及本次活动的顺利进行着手前期工作，学校现已引进云杉、榆树、塔柏、红叶李等10余类树种，总数达3 700

余株，并动工挖土。

全体实验人集结在操场活动区，并将各组的工具提前按要求摆放到位。各班以小组为单位为亲自栽种的实验树命名，并将每位小组成员的名字及对小树的寄语制作成树牌，准备在活动上悬挂。

活动中，师生们个个热情高涨，纷纷投入到校园绿化活动中。在植树现场，师生们既有分工又有合作，挂牌、培土、浇水，大家齐心协力，干劲十足，个个忙得不亦乐乎，校园内一派繁忙景象。孩子们纷纷为自己种的树命名，如“欣欣向阳”“至善树”“鸿鹄树”等，在树牌上写下的寄语，赋予了每一棵树更多的意义。活动结束后，参与植树活动的师生纷纷合影留念。

“种树者必培其根，种德者必养其心。”实验人亲手播种下的是自己朝夕相处的伙伴，是对学校与学子的殷殷寄托，是实验教师化作思人树润泽温暖的生命，是实验人不断锐意进取、同思同行的决心。实验学校会将植树节作为综合实践活动的特色活动课程，每一名实验学子，都会认领一棵属于自己的树，在美丽的实验校园中，“植”入绿色，“树”立希望，实验有我一棵树，我与实验共成长！

三、社会法治 —— 法治大讲堂

（一）创意和培养方向

习近平总书记在党的十九大报告中提道：“全面依法治国是中国特色社会主义的本质要求和重要保障。”“提高全民族法治素养和道德素质。”为了提升学生的法治意识和法理观念，让学生成为学法、知法、懂法、守法、用法的合格公民，根据学情特点在5～7年级开展法治大讲堂活动。在此次活动中，学校与松北区人民法院共建合作关系，请其为我校进行普法指导。

（二）实施过程

教师在“道德与法治”课程中，对学生进行法治教育，让学生有初步的法律意识。在此基础上，松北区人民法院为5～7年级的学生进行普法讲座，提升学生们对法律知识的认知。

(三)总结和反思

法律大讲堂让学生们与现实生活中的法官零距离接触。通过听法官对生活中现实案例的分析，学生能切实感受到法律无处不在，与我们的生活息息相关，加深了学生对法律知识的进一步认知。

8～9年级的公益项目模式

8～9年级以拥有社会主义核心价值观的情怀为目标，围绕3个层面下的6大主题，开展9项实践活动。

目标		主题	9个活动
国家	拥有富强情怀	理想信念	入团宣誓赤子心（“德泽生命”）
	拥有民主情怀		
	拥有文明情怀	生态文明	书香实验共同建（“德泽生命”）
	拥有和谐情怀		
社会	拥有自由情怀	公民意识	祖国谏言小雏鹰（政策　社会责任教育）
	拥有平等情怀		
	拥有公正情怀	社会法治	模拟法庭（法治宣传教育） 社会调查小记者（政策　学雷锋活动）
	拥有法治情怀		
个人	拥有爱国情怀	传统文化	一颗红心永向党（“德泽生命”） 勿忘国耻中华魂（“德泽生命”）
	拥有诚信情怀		
	拥有敬业情怀	心理健康	紫冰花开毕业礼（“德泽生命”） 自闭宝贝不孤单（学校关爱自闭症儿童）
	拥有友善情怀		

一、理想信念——入团宣誓赤子心

中国共产主义青年团，简称共青团，是中国共产党领导的先进青年的群团组织。实验学校以“七一建党”为契机，组织新团员入团宣誓仪式，让优秀的紫冰花少年成为共青团员。

在正式成为共青团员之前，由党员教师向每一位入团积极分子进行团课的讲授，了解“团旗、团徽、团歌、团员证、入团誓词”的来历和历史意义，进一步了解和掌握共青团的光荣历史及共青团的基础知识。同学们听得聚精会神，重要信息都做了笔记。课后，学校团委会组织入团积极分子进行团员测试，将他们的平时表现与测试成绩进行综合评价，选择合格的学生成为共青团员。

在入团宣誓仪式上，为新团员授予团员标志——佩戴团徽；在校团委书记的带领下手握右拳，面向团旗、团徽进行庄严的入团宣誓。一个个朝气蓬勃的面孔，标志着一颗颗努力学习、不断进步的心；一句句铿锵的誓言，坚定了一个个执着为共产主义事业奋斗终生的信念。简约而热烈的宣誓仪式后，新团员纷纷表示，会牢记青春使命，继承和发扬共青团的优良传统，努力学习，争当模范，成为真正的“正品行、求真知、怀天下”的紫冰花少年。

二、社会法治——模拟法庭

(一) 创意和培养方向

在原有法治教育的基础上，针对8～9年级学生的具体学情，让学生进一步学会运用简单的法律常识维护自身的利益，达到学以致用的目的，所以在该学年段开展“模拟法庭”实践活动。让学生能将学会的法律常识真正地运用到生活中去，提升法治素养。

(二) 实施过程

采用国家培元课程和校本创意课程相结合的培养模式。培元课程在“道德与法治”课堂中，进行普法常识教育；创意课程中，让对法律有浓厚兴趣的学生进一步学习法理常识和开展模拟法庭实践活动。根据模拟法庭人数的要求，12名学生一个小组，分别充当法官、原告、被告、犯罪嫌疑人等角色，对具体违法案件进行审判，最后由松北区人民法院法官进行指导。

(三)总结和反思

书面上的法律知识比较枯燥乏味，并不好理解，学生们也不太明确学习法律对日常生活的重要性。通过模拟法庭的活动，让书本的知识鲜活起来，在分析现实案例的过程中，学生能认识到要成为一个遵纪守法的好公民。还有一些学生热爱上了法官、律师这样的职业，使其成为自己人生的奋斗目标。

三、心理健康——紫冰花开毕业礼

(一)创意及培养目标

根据哈尔滨市实验学校培养紫冰花少年的育人目标，经毕业学年、团委及校领导的多方商讨，将毕业式主题定为“紫冰花开　至善同行　成长礼”。毕业式以感恩为主线，以梦想为动力，将整个活动内容分为三项——校友林、成长礼、签名墙，意在培养学生对母校、老师、父母的感恩之情，增进师生情感，并在离校前为每一位学生留下珍贵回忆。

(二)实施过程

1. 校友林——种下一棵树　留下百年情

为了回馈母校，也为了在母校留下自己的青春记忆，紫冰花少年和领导们共同栽种下一棵棵寓意感恩、成长的“校友林”，种下一棵树，留下百年情！

2. 成长礼——难忘实验情　成长在路上

在“成长轨迹”中，回顾一张张天真烂漫的笑脸；在“教师嘱托”里，感觉九年级全部科任教师的祝福，朴实无华的话语是老师对孩子们的殷切期盼；在“班主任的一封信”里，那充满深情的朗读，演绎着四年生活的点点滴滴。

3. 签名墙——声声祝福祈成功　笔笔挥洒绘人生

9年级全体师生及家长来到签名墙前，在学弟学妹们热烈的掌声中，签名仪式正式开始，校领导和学生代表在签名墙上郑重地留下了他们的名字，学弟学妹们在不舍中送上真挚的祝福。

（三）总结反思

整个毕业式在学生的泪水与笑声中结束，事后对整个过程进行梳理，准备仓促导致各个部门在活动前较为忙碌，今后在重大活动前必须打好提前量，设定好各项工作的时间节点，这样才能做到游刃有余，从容不迫！

协同育德

哈尔滨市实验学校2015年7月建校，学校成立之初就构建了“紫冰花文化”，学校以“丰实生命　创验未来”为办学思想。实验学校自建校至今非常重视学校教育、家庭教育、社区教育。学校教育是学生成长的重要组成部分，家庭教育是一切教育的沃土，社区教育是学生成长的人文环境。针对实验的具体问题，家庭、学校、社区携手探索以学校教育为主线、家庭教育为阵地、社区教育为屏障的新型育人模式，形成协同育德的共育模式。

哈尔滨市实验学校在教育理念的高度引领中，在教育实践的努力践行下，在协同育德德育渗透里，为紫冰花少年的品德培养构建了一个学校、家庭、社会三位一体的健康发展的德育空间。所谓共育模式，是通过教师干部队伍的引领对学生进行个性挖掘、通过教师队伍中师德师风优秀成员的个性示范、通过家长队伍做好家校密切沟通和家校深度合作、通过多方资源整合和资源灵活利用，发挥师生共育、家校共育、社会共育对学生的品德培养作用。

要实现共育模式就要做好三支队伍建设工作。通过干部和教师两支队伍建设，促使管理者和教育者成为紫冰花少年的引领者和育慧者；通过家长队伍建设，使家校携手。一方面，拓宽两点一线的家校沟通渠道；另一方面，开辟深度参与的家校合作空间，进而形成学校、家庭、社会三位一体的德育空间，为学生的品德培养构筑了一个健康发展的德育涵养生态。

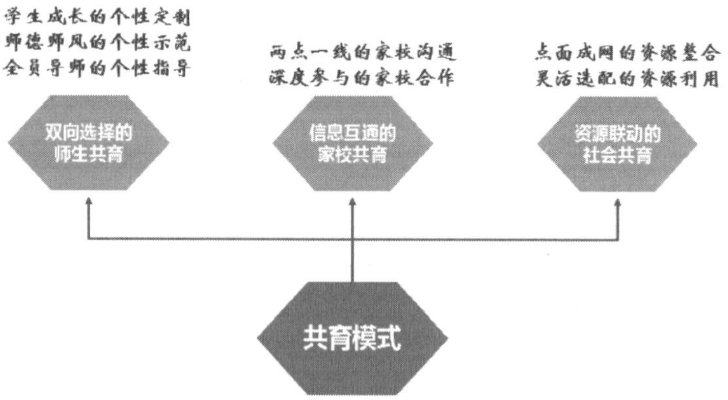

共育模式架构图

一、家校携手打造三支队伍

(一) 干部队伍

干部队伍是学校各种政策法规的执行者和指导者，是校长与全体教职工的桥梁，还是执行先进决策的排头兵。我们将学校的管理干部队伍定位为紫冰花少年的领航者，他们为紫冰花少年的成长指明方向，保持学校发展的前进性。

干部队伍素养图

学校干部需要具备明德作风、亲民作风和至善作风，以高尚的品德和儒雅的气质影响全校师生的品行成长；以持续学习和创新的状态引领全校师生的工作和学习；以高瞻远瞩的眼光带领全校师生追求卓越、不断进步。

学校干部一是需要具备自省力和感召力，能够以身作则，不断提升自身思想境界和行事风格；能够影响他人，用自身的品格和行为去感染他人，帮助师生品行成长。二是需要学习力和创新力，能够虚心学习，不断吸收和借鉴先进的管理经验和管理方式；能够进行管理创新，不做绝对的“拿来主义”，根据学校的实际和师生发展需求灵活变通管理策略。三是需要前瞻力和凝聚力，思想先进，眼光长远，为学校和师生的发展指明前进的方向；有领导与组织才能，凝心聚力，团结师生，带领大家共同投入到学校建设与发展进程中来。

（二）教师队伍

实验学校的教师，是学生成长的陪伴者。九年一贯制的办学体制是一种天然的教育优势，我们要通过九年分段的积累，培养孩子必要的好习惯，给他们的生命一个好的开端，给生命更多更好的可能。教师要更深程度、更长时间地去参与孩子的成长，寻找到一种为孩子更长更远地发展去进行教育服务的方式。

1. 学生成长的个性定制

实验学校以“个性成长的守护者，现代教育的实验人”为办学目标，让每个孩子的生命都与众不同，尽力满足他们独有的成长需求。实验学校通过精选社团课程，激起学生的求知欲，“选我所爱，爱我所选”；通过社会实践课程，锻炼学生的动手能力，“我是社会小达人”；通过“经纬中华情”的特色课程，行万里路读万卷书，“我以我眼看世界”……实验的生态文化涵养让紫冰花少年不是实现共性成长，而是满足孩子的个性成长，是在孩子们不同个性的基础上去让生命变得丰满。

(1)“自治管理”发现学生个性。我们强调自治管理理念，通过自治管理引导学生自主发展。因此，在学生会管理中，强调学生能够开展自我服务、自我管理、自我教育。通过粘贴海报、“至善”广播宣传进行招募、学生自由报名、班任团委两级审核、述职演讲、投票选举，最终产生了由25人组成的学生会。学生会在平时的校园管理中发挥了很重要的作用。他们早晨在校门口迎接学生入门，检查仪容仪表，课间协助值周生督促检查走廊纪律，大课间检查反馈参与情况，会协助教师完成艺术节、体育节、国学节等活动的进行，正是因为有了学生会这样一个自治组织，通过“同龄人教育同龄人”的方式，帮助同学们自觉提高了自我管理、自我约束能力。同时，在自治管理中，也能够发现同学们鲜明的个性和擅长的能力。

(2)“科学诊断”发展学生个性。学校通过和专业的平台合作，运用心理测评软件和心理测评问卷对学生进行心理测评，对学生开展各个学科的综合素质评估，为学生制定贴近生活实际、可操作性强的人生导航——“成长护照”。每年9月学生会领取自己的成长护照，在一年中记录自己的成长点滴，在记录中感受成长，在感悟中反思，用成长护照激励学生迎接成长中的挑战，在追求人生目标的道路上留下珍贵的足迹。

2. 师德师风的个性示范

师德建设是德育工作实施的重要支撑，强化班主任的师德师风建设，是塑造学校品牌形象的重要路径。班主任队伍的一言一行、一举一动无时无刻不在潜移默化地影响着学生，班主任师德师风的好坏往往影响和决定了学校的校风和学风。学校引导班主任要始终铭记四有好老师标准，以德立身、以德立学、以德施教、以德育德。

一方面，进行会议宣传。利用班主任例会、学校大会、节假日专题会议等强调师德师风的严肃性和重要性，要求全体班主任高度认识、统一思想，坚决不碰师德师风的红线，组织深入学习各种制度，开展师德公开承诺活动，人人签订师德承诺书。以高度的事业心和责任感，不断提升自身的师德和业务素质，促进教学质量的全面提升，做家长信任、学生满意的教师。一方面，重视模范带动。班主任队伍中有很多优秀的“领头雁”，挖掘他们的闪光点，用会议宣传、微信平台发表先进事迹等方式，以优秀班主任的模范行为带动全体班主任。另一方面，通过活动促进。开展形式多样、内容丰富的师德教育活动，提高师德教育的实效性，有所创新，把师德建设不断地向前推进。例如开学初进行“修师德　正师风”专题培训；进行师德演讲；开展“修心境　行思远”读书征文等活动；每学期开展一次“我心中的好老师”评选活动，通过学生不记名投票，分学年在校门口收集选票，最后评选出我们身边的好老师。再一方面，进行师德考核。学期末进行工作考核，评选出“优秀班主任”，实行一票否决，用考核促进队伍建设，创好口碑，创出学校的好品牌。

3. 全员导师的个性指导

教师是学校教育教学的践行者，他们是提升学校教育教学质量、促进学生自身成长实实在在的贡献者。学校将教职工队伍定位为紫冰花少年的育慧者，教育和指导紫冰花少年的成长。实验教师团队中的每个成员为紫冰花少年的个性发展提供最适切的指导。

所谓育慧者就是我们要做育慧教师，学校提出“打造一支极具感染力、创新力、执行力的育慧团队”的目标，并就教师的感染力、创新力、执行力提出了相对应的六项素养指标，即善发现、善引导、善思考、善创造、善实践、善合作。对育慧教师通过多种途径提升他们的育人能力，通过导师引领助力成长。学校开展驻校导师制项目，聘请省、市教育专家和教研员担任学校学科导师，高站位的专家引领使教师们站在巨人的肩膀上，快速提升。成长工程互助成长。同时校内开展青蓝工程、致远工程、至善工程，发挥学科带头人、骨干教师、名优教师的传、帮、带作用，建设一支高质量师资队伍。促使教师成为紫冰花少年的引领者和育慧者，以紫冰花团队建设助力学生发展。

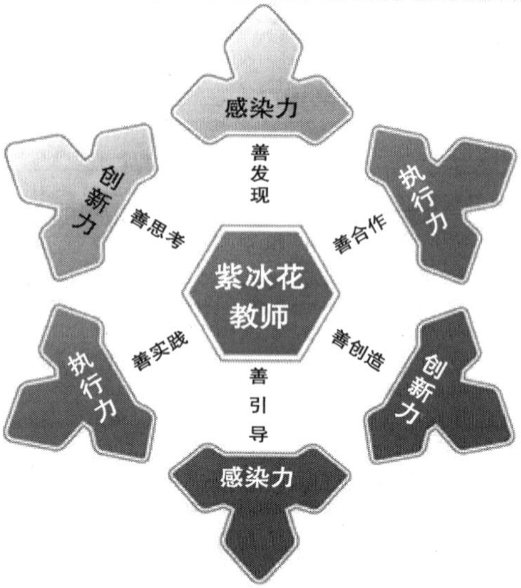

紫冰花教师素养图

所谓个性指导，就是智慧教师针对学生进行个性全面的引导。一是心理指导，关注学生心理问题并帮助其纾解。学校发挥健康综合组的作用，心理教师成立心理咨询室，为家长和学生进行心理健康指导，舒缓疫情带来的紧张和压力。二是生活指导，对孩子的自理能力、合作能力、社会适应能力等进行持续关注式培养，指导学生学会生活。三是学习指导，匹配学科教师对不同学生的学科问题进行一对一的解答，给予学生及时的帮助。校级领导和毕业班学生进行包保，和优秀生以及学困生进行结对，持续关注学生的学习情况，各科教师也和学生进行结对，这样的方式既提高了学生学习积极性，也增进了师生之间的融合度。四是生涯规划指导，帮助不同个性特长的学生制订个人学涯和生涯规划。我们聘请哈师大专业教师为学生职业生涯规划师，对学生进行职业规划系列讲座和培训，让他们明确学习目标。五是法治指导，学校聘请北京大成(哈尔滨)律师事务所团队为法律顾问，定期做法治讲座，让学生做知法、懂法、守法的好少年。

(三) 家长队伍

1. 发挥信息互通的家校共育作用

建立健全家庭教育工作机制，推动家庭教育，普及家长委员会和家长学校，改进家访制度，鼓励家长参与学校管理，树立科学观念，运用良好家风，促进学生成长成才。

(1) 增加家校沟通频率。

“实验彩桥”密切联系。实验学校成立之初，就在微信平台开设“实验彩桥”栏目，发布学校各种教育信息，密切家校联系，让家长及时了解学校动态。在微信平台的不断完善后，我们又增添了“家校共育”栏目。以“润初”班主任名师工作室为契机，18位班主任通过微信平台交流育人心得。在平台中介绍如何实现家校共育，实验的育人理念是怎么在教学中落小、落细、落实的。我们通过微信平台展示家庭教育成功案例，收集家长在教育孩子的过程中产生的困惑，向家长介绍家教信息、家庭育子策略、亲子交往途径，让广大家长从中汲取营养，及时辅导家长更好地引导教育孩子。

“家长开放日”增强互动。学校定期召开家长会，包括一年级入学礼、六年级小初衔接会、七年级结业动员会、八年级固本提质动员会、毕业班考前誓师大会等多主题的家长会。家长会前召开“家长开放日”活动，让家长走进学校、步入课堂、观摩大课间、了解社团课程的开放日活动，让家长真实了解孩子在课堂中的学习情况，与学生一起融入实验的大家庭。深入了解孩子的学习环境，休悟实验校园文化的魅力，感受教师在教育学生中的谆谆教诲。对学校的各个层面都有一个更全面的了解，从而明确实验的育人理念，知晓教师的育人方法，理解教师的育人思想。加强学校与家庭和社会的联系，提升学校社会影响力。

(2)增进家校合作深度。

“家长委员会”助力学校管理。实验学校成立三级家长委员会。各个班级成立了班级家长委员会,在此基础上产生学年、学校家长委员会。家委会的责任重大,他们了解学校的工作计划和家长诉求,协助学校开展各项教育工作,协助学校组织交流家庭教育经验的同时在加强家长自身建设上发挥作用。所有家委会成员参与学校管理,支持学校的教育教学工作。学校的教育举措,由家委会民意投票,通过后有计划、有步骤地实施。同时我们开展家长讲坛活动,为实验的家长提供家长素养提升的方法和家庭教育培训,提升家教水平,加强家校的合力。

在家庭管理中,总会有些许家长对孩子的教育存在问题、困惑,感到无助与难解,学校的家委会就为这些家长提供了一个探讨的平台,营造了良好的家庭氛围,创造了优良的家风,这样才会有更优质的学生。家校共育形成合力,达到共育的真正目的。

“家长课堂”提高活动质量。在实验学校的校本课程中有35名家长讲师参与课程建设,学校111门校本课程的授课者中,家长讲师有32位。学校的开学典礼、“自理小达人”、期末特色综合测评、趣味运动会等等,在学校的众多课程与活动中,家长们都融入进来,和孩子共同参与、共同感受、共同成长,进一步增强亲子互动,增进亲子关系。

在社团的讲师选取中,我们面向家长,招募家长讲坛讲师,根据学生的兴趣爱好特长,开办家长讲坛,开拓孩子视野。通过讲师课堂让家长和学生因实验学校社团的平台,紧密相连,增强学生的自信心,增强家长与学生的归属感,充分调动家长的参与积极性,通过家长的主动参与,进而提升学生的综合素养。

“校长有约”促进深度融合。学校五位校长、学年主管领导和学年主任同家长代表共进午餐。家长代表是自愿报名，班主任根据报名情况进行推荐，每一次的“校长有约”所面对的家长一定是班级中不同层面的，他们轮流参加“校长有约”活动。活动旨在让家长们走进学校，利用与校长共进午餐的形式，或者直接与校长进行交流对话的形式，了解学生的真实学习状态与教育需求，给家长提供一个问题的切入点。针对班级教育、教学、日常管理等，有问题，说问题，共同面对进行梳理，最终解决问题。这是我们“校长有约”的初衷与宗旨。实验学校在创建与家长沟通的桥梁的同时，也鼓励家长们以主人翁的意识积极参与到学校教育教学的建设中来，这也是为了更好地促进学校内涵的发展和学生健康成长。

（四）资源联动　发挥社会共育作用

丰富的社会资源为学生搭建起广阔的成长舞台。一方面，进行点面成网的资源整合。整合社会资源，保证德育课程和活动的开展，建立省际教育联盟，实现优质品牌学校之间的教育平台共享、网络议课、互访交流等，优化德育课程的实施，开展高端战略资源合作，与中国文化书院、北京崇贤馆、清华大学航天航空学院、上海STEM云中心等单位进行多角度合作，支撑学校“丰实生命　创验未来”，以中华传统文化教育立本的校本价值观和以艺体特色、多语种特色、科技特色为突破口的现代特色德育的品质发展。另一方面，进行灵活选配的资源利用。根据德育课程和活动的资源需求，进行社会资源的挑选组配，发挥资源强强联合优势，搭建社会资源共享平台，通过市场化运营机制满足不同资源方之间的多样化合作，激活资源利用的活力。

学校是学习之所，文明是成功之本，文明需要从小事做起。2020年初开始哈尔滨市实验学校就在节假日、休息日参加松北区区委、区政府举办的“万人志愿者”活动。例如：2020年1月20日实验学校小学部二年级“雏鹰小分队”到万达及社区进行垃圾分类宣传工作。2020年2月5日实验学校校长郝岚、副校长战春梅等领导增员松北区防控工作，成为实验学校的抗疫先锋，为教师做表率。2021年5月22日实验学校组织党员同志和教师志愿者参加“万人进基层　美化家园行”活动，同社会联动，以身示范；平台宣传，做学生榜样。

社会联动事例不胜枚举，实验学校的育人初衷就是为了进行全人的教育。

协同育德的共育模式是家庭、学校、社会共同携手，充分发挥家庭、社区在教育学生方面的作用，互相衔接、互相渗透、互相促进、互相融合，形成教育合力。三方相互配合、相互补充、相互促进，织成有效的教育网络，努力形成全员育人、全程育人、全方位育人的德育，最终实现协同育人的目的。

03 德育评价

MORAL EDUCATION EVALUATION

哈尔滨市实验学校践行立德树人根本任务，探索德育实施新途径，发挥“评价”的甄别和指引作用，实现不同学段德育工作的连续性，有效培养九年一贯制学校中小学生核心素养，促进每个学生健康成长和全面发展，提升德育工作实效，“评价”是最有效的跟进和推动方式。“评价”不是下定义，而是针对德育工作的重难点问题，采取将整体规划和重点突破相结合的实施策略，使德育从大谋划到“小、近、实”。评价结果是依据，评价过程是支撑德育工作走向完善和突破的最有力方式。

评价体系

一、深化综合素质评价改革，落实立德树人根本任务

近年来，学生核心素养模型的构建和评价标准的制定已经成为推动世界教育改革的重要环节。“从小学、中学到大学，每个年龄段的孩子应该具备什么样的素养，未来这是评价学生的重要指标。”在教育深化改革的今天，对学生评价的导向发生了根本的变化，就是要从静态的结果目标导向，向动态的发展目标导向转变，面向学生核心素养来进行评价诊断。

动态的发展目标导向就是要在小学阶段挖掘、释放孩子的天性，培养孩子的兴趣、核心素养。初中的发展规划也是顺着小学固化的兴趣、核心素养培养孩子。这种发展性既体现在每天的课堂教学中，也体现在各个关键节点上学生的学业发展状态和个性成长样态。

因此，学校遵循发展性原则，关注过程和结果的统一，建构学生核心素养评价标准体系。我们以3大素养领域和6项核心素养为切入点，结合国家方针政策提出了25个基本要点，形成了我校的18个基本要点，并据此细化为25个发展性指标，简称“双S”评价指标，第一个S是student(学生)，第二个S是指素养。

25个发展性指标关注的是学生各个方面的成长性，既有过程，也有结果。每项指标为4分，满分为100分。总体评价由实得总分确定等级，90～100分

为优，80～89分为良，60～79分为合格，60分以下为不合格。

学生核心素养评价标准体系（“双S”评价指标）

3大素养领域	明德修身		亲民求是		至善同行	
6项核心素养	现代人格	儒雅气质	学习习惯	创新意识	健康体魄	全球视野
18个基本要点	诚信友善 独立担当 包容谦让	文明有礼 情趣高雅 形象优美	主动求知 勇于思辨 持之以恒	理性思维 积极探究 问题解决	珍爱生命 发展身心 热爱生活	了解世界 尊重差异 参与交流
25个发展性指标	①品德改善 ②思想态度和人生观变化 ③独立性增强 ④社会责任感提高	①行为改善 ②兴趣爱好发展 ③审美意识与审美能力提升 ④自我形象改善	①学习态度改善 ②课堂表现积极 ③学业成绩提高 ④自律能力提高 ⑤作业质量改善	①学习经验改善 ②思维和潜能发展 ③信息素养提高 ④动手能力增强	①健康状况改善 ②个性发展 ③成就动机水平提高 ④劳动观念和劳动能力提升	①见识丰富 ②理解力提高 ③跨文化交流能力提高 ④全球公民意识增强

二、推进课程体系建设评价，实现全方位育人

（一）特色课程构建学生综合素质评价指标体系

课程研发中心是学校现代治理体系中的重要管理部门，全面负责“紫冰花课程”的顶层设计、开发、实施、管理、评价等工作。课程研发中心主要通过书院形式，按照“紫冰花课程”的六大课程领域，成立了与“明德修身”素养领域对应的雅美书院、与“亲民求是”素养领域对应的人文书院、智云书院和星月书院、与“至善同行”素养领域对应的阳光书院和致远书院。六大书院的设置是基于育人目标、发展领域与核心素养，对学生学习主题、学习内容、学习方式和成长模式的科学设计与指导，是基于育人模式、办学特色与办学品质，对教师资源、学校资源、教育资源、社会资源的优化配置和管理。

对于六大书院我们分别给出了明确的定位和职责划分，让各个书院能够为了推动课程顺利实施而贡献力量，让各个书院能够有责可尽，有制可依。

六大书院的课程管理方式既包含了对培元课程的灵活整合，又包含了对鉴赏课程和创意课程的闭环实施。六大书院一方面开展培元课程的校本化实施，强化语数外基础，通过科学综合、人文综合、艺术综合和健康综合的学科建设思路，打破学科边界，拓宽学生学科视野，丰实学生学科底蕴，体现了灵活开放的管理思想。另一方面对鉴赏课程和创意课程采取从梳理、诊断、研究、开发、实施到评价的不断改进提升的闭环管理模式，对课程内容的个性化、教育性与品质感，课程资源的特色化、时代性和影响力进行全面的管理，追求课程实施的流程性与高效性，体现了严谨规范的管理思想。

(二) 以课程评价为环节，构建学生综合素质评价系统

课程评价是课程实施中的重要环节，对课程开发结果的评价坚持以学生的自主选择为标准，每项指标5分，共计25分。不仅要有课程大纲，形成校本教材，还要看是否被一定数量的学生选择并成功开课；同时校本课程既然是对国家课程的补充，就要看课程开发后是否对学科进行了价值延伸与创造，能否充分发挥学科的育人作用；此外，课程必须具有一定的独特性和创新性，有学校的文化导向，有地域的文化特征，有时代的发展要求；同时，课程还需要对内引起震动，对外产生影响。

对课程实施过程的评价坚持以学生的学习状态为抓手，每项指标5分，共计25分。既要合理设置课程目标，设计好单元学习主题和活动，还要在教法上做创新，采用启发式、引导式等方法进行有效互动，调动学生的学习热情；同时，能够最大限度地使用教育资源，创设课堂情境，丰富学习体验；在学法上，能够给学生以引导，丰富学习的形式，比如小组合作学习、项目式学习等，让学习变成一件有乐趣的事；课堂的持续评价和总结要准确、及时，方式灵活多样，让学生真正学有所悟、学有所获。

对课程实施结果的评价坚持以学生的全面成长为标尺，每项指标5分，

共计25分。首先看学生对知识掌握的程度，是否理解、消化并能够进行知识迁移；其次看相关的技能，包括创新能力、表达能力、合作能力等是否得到拓展，是否掌握了一定的学习方法；再次是看学生在各项教学成果汇报活动中是否能够拿出具有一定水平的作品；再其次是看学生在各种考试中学业成绩的表现以及各级各类比赛中的获奖情况；最后就是学生的满意度，在学生问卷中，学生对于课程的满意度、对于教师和学校的满意度、对于自身成长的满意度将是最为重要的指标。

对课程评价，我们兼顾专家反馈、教师反馈、学生反馈、家长反馈四个方面，从而使课程评价科学合理。

随着大德育体系建设不断深入推进，我校德育常规管理日渐扎实，德育队伍素质普遍提高，德育课程建设成果突显，继续将“立德树人”作为办好教育的根本遵循，深入推进大德育体系建设，用扎实的举措、务实的作风和优良的业绩，努力办好人民满意的教育，奋力完成铸魂育人的光荣使命。

学生评价

立德树人践行使命　紫冰花开异彩纷呈

——哈尔滨市实验学校团委的奖励评价

学校的德育过程，就是对学生进行政治、思想、道德品质教育，将一定社会的思想准则和道德规范，转化为学生个体的思想品德的过程。如何能使学生在思想、心灵深处潜移默化地发生这一转化，是教育者不断探索、研究的重点。

实验学校团委紧紧围绕学校中心工作，以思想政治教育为核心，以校园文化建设为基础，以创新创业教育为重点，以团的组织建设为保障，以服务教育教学一线为己任，拓展共青团工作平台，延伸工作手臂，努力促进和谐校园建设，充分调动广大共青团员的先锋模范作用，旨在对学生进行综合评价，让学生精彩绽放。

一、行随至善之声　心动至美校园

“至善之声”广播站成立于2019年11月21日，是团委下设的宣传机构。广播站致力于传递校园信息、活跃校园氛围，以服务广大师生、丰富校园文化生活为己任。

“至善之声”广播站作为我校文化建设前沿阵地，团委工作开展的一张名片，充实了紫冰花少年的课余生活，推进了团委的工作建设，2020年线上教学期间，在“停课不停学”的大背景下，“至善之声”广播站以如何将居家学习和德育教育二者有机地结合在一起作为切入点展开工作。在日常工作中，以“至善之声”为依托，评选出优秀广播员、最美播音员等荣誉称号，注重学生综合素质的提升。

二、紫冰花合唱团　奏响青春旋律

为深入贯彻党的十九大精神和习近平总书记关于青少年和共青团工作的重要指示精神，积极适应共青团深化改革新形势、教育领域综合改革新发展和当代中学生新特点，尤其是以全面提升先进性为主要目标，着力推进中学共青团组织创新和工作创新，努力为党培养中国特色社会主义事业的合格建设者和可靠接班人，2020年10月9日经学校研究决定成立“共青团哈尔滨市实验学校委员会——紫冰花合唱团”。紫冰花合唱团围绕我校教育事业改革和人才培养大局，彰显共青团的组织特征和特色优势，找准我校共青团工作的职能定位和工作路径，提升育人价值。深化以学生为中心的改革，把准学生脉搏，了解学生心声，坚持服务学生的工作生命线，让学生成为团学工作和活动的主角，问需问策问效于学生。紫冰花合唱团始终在学校起着重要的代表作用，紫冰花合唱团以全面提高学生的音乐素养为宗旨，努力为学生创造出一个良好的学习环境，努力激发学生对于音乐的喜爱和积极性，丰富学生的课外活动。

紫冰花合唱团目前在“团区委一二・九活动”“团区委学党史　强信念　跟党走——庆祝建党100周年主题团课”中进行了精彩的汇报演出，得到了上级领导的认可与肯定。我校注重对学生的综合素质评价，对于积极参与活动的学生进行奖励，评选出我校的校园音乐之星、艺术之星、德育之星等称号，提升学生们参与课外活动的积极性。

三、迎学生会纳新　强化常规管理

哈尔滨市实验学校学生会是旨在更好地为师生服务，增进师生之间感情，举办各种精彩的校园活动，丰富校园生活，让校园生活充满各种乐趣的学生组织。学生会以全心全意服务同学为宗旨，发挥学校党政联系广大同学的桥梁和纽带作用，在党组织的领导和团组织的指导帮助下，依照法律、学校规章制度和各自的章程开展工作。我校注重学生会的日常管理工作，一年又一年的传递，一届又一届的交接，是文化的延续，是精神的传承。学生会的重点工作包括组织学生进校门、在政教处带领下对仪容仪表进行检查、常规活动检查等，将学校的常规管理融入到学生会的日常工作中，强化责任意识，推进学校整体的精神风貌建设。学生会评选产生了优秀学生、三好学生等奖项，激励每位学生对自我的规范与提升，在全校范围内形成相互监督、相互促进的新格局。

四、设立班长例会　提升工作效率

实现有效管理，促进班级上下的沟通与合作。提高学校各班级的工作效率，追踪各班级工作进度。集思广益，提出具有改进性及可操作性的工作方案。协调各班级工作方法、工作进度的调配。垃圾分类工作纳入日常管理工作中形成常态，形成班长负责制。评选出优秀班长，提升学生会工作的职能效率。

五、响应青年学习　引航时代先锋

青年大学习是共青团中央为了引导学生深入学习、贯彻习近平新时代中国特色社会主义思想和党的十九大精神而录制的系列团课，在校领导大力支持下，共青团哈尔滨市实验学校委员会推选出青年大学习负责人，每周会更新一期并下发学习通知，每一期都有不同的主题。团课的标语“学习新思想，争做新青年”甚至成为了流行语，在校园内尽人皆知。班里的同学们会在新一期团课上线后，第一时间进行学习，还会将团课进行反复学习。通过一个个简短精彩的视频，可以更加深刻地了解国家的政策，学习了解国家的最新动态。在此活动中评选出优秀宣讲员、最佳团支书等，鼓励大家参与到此次学习的浪潮中。

共青团哈尔滨市实验学校委员会将继续坚持开展实验学校的各项特色团委活动，全面提质增效创新工作，力争取得更大的进步，为我校团委工作的有序开展奋进担当，砥砺前行。学校注重对学生的评价，更注重综合素质的培养，注重核心素养的落实。团委丰富多彩的活动给予学生成长一片广阔的天地，让艺术之花在校园中绽放，为每一位实验学子搭建综合发展的桥梁。

以测促学　以评促教

——哈尔滨市实验学校综合测评方案

一、指导思想

学生期末综合测评，是全面反映学生的发展状况，促进学生全面发展的重要举措。根据《教育部关于积极推进中小学评价与考试制度改革的通知》和《哈尔滨市中小学生综合素质评价实施意见(试行)》的精神，以学生个体为评价对象，努力做到对每一名学生有比较全面、客观的评价，以促进学生的个性发展、全面发展为目的。树立一个衡量学生素质的标准，为师生确定工作和学习的奋斗目标，使学生个性得到充分发展。结合我校九年一贯制教育体系实际，制订我校小学部学生期末综合测评方案。

二、测评目的

为了更加全面地了解学生在校学习情况，以测促学，以评促教，不断改进学科教学，全面提高教育教学质量，学校从“道德品质”“公民素养”“学习能力”“交流合作与探索实践”“运动与健康”“审美”“表现能力”这七个维度对学生进行整体评价。为培养正品行、求真知、怀天下的智慧少年打下坚实的基础。借助九年一贯制优势，跟踪学生九年生活的全过程，使学生在全程的管理中各方面的素质都能有所提高，并挖掘出学生未来发展的潜能。

三、测评方法

低年段采取“乐考”形式对学生进行综合素质评价。

中高年段及初中段以“试卷”形式对学生进行期末成绩测评。

一到九年每个学年段还会以跟踪监测的形式进行对学生综合素质的评定。

四、测评项目

低年段主要采取“乐考”的形式对学生进行综合素质评价。设置测评场地，进行场地布置，分为数学乐园、语文天地、艺术空间、体育竞技场四大板块。为学生设计“综合素质评价单”，评价单中有“语文、数学、英语、品德、音乐、体育、美术、地方、形体”九项内容，设为“A—优秀，B—良好，C—合格，D—不合格”四个等级，根据学生现场测评的表现进行等级的评定。

小学中高年段及初中段则采取“试卷”的形式，对学生进行学业质量的监测。由各学年组长、学科组长出题，各教研室对试卷进行审核和修改。试题有层次、有梯度、难易适中、题型丰富，覆盖整册教材内容，重难点突出。学生学业成绩的评定采用“A—优秀，B—良好，C—合格，D—不合格”四个等级。

五、评价阶段

依据学生年龄成长的特点，分成四个阶段(低年段、中年段、高年段、初中段)。每个阶段都会依据学校的实验目标，进行实验监测。并且各个阶段确定不同的成长目标。使学生从低到高不断地对照、检查、评定、反思，体验自己在成长中的喜悦。

(一) 阶段成长评价

各班会为每个学生建立“成长档案”，全面客观地反映学生的成长过程。成长档案中装订着学生历来所获证书、每学期的综合素质评价单、成绩单、思维导图、读书心得等。收集了学生在每个学期的学习和各方面表现的材料。综合素质评定分别按照学期、学年进行阶段性评价，学生毕业时进行整合分析评价，并以此作为对学生进行综合素质评定的基本依据。对学生在校的综合情况进行全程的监控与管理，最终使学生能够发现自己的特长、技能，确定自身的成长方向，并促使其为自己的目标而更加努力。这个阶段班级要结合学校的评价体系，制定班级的考核、评价、激励机制，完善各项规章制度，形成长效工作机制，对学生进行各方面综合的评价。

(二) 整合分析评价

这一阶段，是学校根据班级考核的情况，家长对学生的反映情况及评价，以及学校对学生在社会表现的调查(其中包括前测问卷、社会实践调查问卷、后测对比分析)，由学校的评价领导小组对学生整体素质发展情况进行分析与整合，将实验中出现的问题与取得的成绩分别进行评判，为下一阶段的评价提供有力的证据。

(三) 素质发展评价

这一阶段的评价是每一个低级阶段向高一级阶段迈进时，对学生在此阶段的成长过程进行评价，通过实验的记录材料，由学校的评价小组对学生存在的问题、发展前景、未来的潜能，给出一个建设性的意见，指明其前进的道路，也就是对学生产生潜移默化的影响，使学生朝着自己成材的方向发展。尤其是初中的最后一个学段，此评价体系更是对学生的成长有着不可估量的作用。

六、成长心语

学生综合测评是对学生在校表现、学业水平的一个全面的考查，也是对教师教学水平的评估，教师们在测评后对学生的试卷进行全面深刻的质量分析，查找问题，反思教学中的不足之处，明确改进方向，以评促教。

在与家长的有效沟通中，让家长看到学生在校的综合素质评估，使其了解自己孩子的学习和各方面表现情况，并与家长一起探讨孩子的学习和教育方法，家长们表达心声，提出建议，促进家校合作的有效发展。

我们将以上评价体系贯穿于学生九年义务教育的始终，使学生在力所能及的方面都能得到充分的发展，成为真正意义上的德智体全面发展的人才。最终使学生认识到人的一生处处都是在学习，书本不一定是知识的唯一来源，只要你能把自己的知识与能力结合起来，充分发挥，对社会有所贡献，就是你实现了自己的人生价值。

成长护照护梦启航　梦想的光就此点亮

一、成长护照的内涵

成长护照，就是一本学生的成长手册。2015年自哈尔滨市实验学校建校后，实验学校校长和实验教师们创编了成长护照，每名实验学校的紫冰花宝贝入学时都会得到这样一本成长护照。成长护照是我校施行核心素养学生评价体系的载体，孩子们的学习技能、科学精神、艺术素养、健康生活、责任担当、实践创新等评价被纳入其中。创编成长护照的根本目的是促进学生德智体美劳全面发展和对学生品格的提升。它的评价体系主要是依托于学生的自我评价、学生与学生的相互评价、老师对学生的评价、学生与家长的对话。成长护照的评价方式传承了过程性评价的理念，同时又是过程性评价的创新。

小学阶段的五年，是一个人人生观、世界观、价值观形成的重要时期。每一个孩子都是一朵美丽的花苞，他们需要赏识教育，有指向性的激励能影响他们的发展。为深入贯彻落实习近平总书记“六一”寄语精神，践行社会主义核心价值观，哈尔滨市实验学校依据多元智能和德育评价理论，推行成长护照评价方案。哈尔滨市实验学校坚持在教育中以德为先、立德树人，积极优化思想教育氛围，为每一名学生发放成长护照，在日常学习生活中培育学生积极向上的生活态度。

为新生发“成长护照”

下面，让我们一起来了解一下这本成长护照吧！

(一) 给学生的寄语

祝贺你拥有了这本为紫冰花宝贝量身定制的成长护照，它将记录下你在实验学校行走与成长的足迹，它将成为你童年最美好而荣耀的记忆。加油，紫冰花宝贝们！让紫冰花在你的护照上绽放，我们等待紫冰花开的那一刻！我相信你定能成为最好的自己，让少年的成长看得见！紫冰花宝贝们，在实验遇见最好的你！让你的梦想成为点亮世界的光。

孩童时的回忆对于人的一生都有影响，正所谓幸运的人用童年治愈一生，不幸的人用一生治愈童年。成长护照的一项重要功能便是记录孩子成长的点点滴滴，见证他们的成长与进步。在若干年以后，当他们翻出这本属于自己童年的记忆，相信都会感叹自己童年的美好。负责的父母、严厉的老师与精彩纷呈的校园活动……

现代教育追求多元评价，成长护照可以收集老师、学生、父母的多方面意见，再通过老师的思考，把这些意见、想法融入孩子的个性化培养中，这么做不仅能激发孩子的兴趣，还能方便老师及时了解孩子及家长的想法。

成长护照的最后一页是启航心语，这一篇章承载了孩子们对未来的无限期望。

启航心语

(二) 家长心语

家长1：成长护照能及时地记录孩子获得的各项成绩和取得的进步，可以更好地发掘孩子的闪光之处，使孩子能全面认识自己、审视自己、督促自己，不断地进步。作为家长，我也很希望能及时地了解孩子在学校各方面的表现。通过翻阅成长护照，能够了解孩子的成长动态，根据成长护照的记录情况，有针对性地配合学校进行家庭教育，促使孩子养成良好的行为习惯。今后，等孩子长大了，再次翻开这本成长护照，一定会想起很多美好而有意义的瞬间，这也将成为孩子最美好的童年记忆。

家长2：最开始的时候觉得成长护照是一种形式主义，但是后来发现成长护照中有品德、有学科核心素养等多方面内容，是教育中立德树人的表现，能够反映学生成长的轨迹，是学生全面发展的记录。这不仅能激励孩子形成积极向上的生活态度、勤奋刻苦的学习习惯、知书达理的个人素养，还成为孩子最宝贵的成长档案、最珍贵的成长礼物。

（三）学生心语

临近小学毕业，我为能有这样一本自己专属的成长护照而感到高兴，这本小小的护照记录下我所付出的努力和取得的收获，它将会是我成长的见证，是我难忘的实验记忆。想到这儿，我就对这本小小的成长护照充满了浓浓的爱与憧憬。在接下来的一学期，我要更加努力，为我的小学生涯画上圆满的句号。

（四）教师心语

学生根据成长护照中的教师评价、学生自评、同学互评、家长评价等对自己的学习收获做到心中有数，家长根据客观公平的评价对学生在校学习情况做到全面了解。成长护照成了一种指引的方向，这就需要在平时我和孩子们都有一种锲而不舍的精神、一种坚持到底的信念、一种脚踏实地的务实态度、一种没有任何借口的行为准则。只有这样，才能在5年学习生活中养成良好的行为习惯，取得更大的成功！因此，成长护照真正做到了为孩子们的前行保驾护航，成为了小学生学业水平评价的风向标。看到孩子们一天天开心快乐地成长，我相信家长们是幸福的，作为老师，此时我是欣慰的。

二、成长护照的运用和作用

成长护照记录了孩子们在学习上的点滴进步，教师会根据每学期的培养目标对学生的学习过程、学习能力、学习态度等方面进行评价，变期末一份试卷的评价为记录学生成长足迹，是改变评价方式的有效途径。例如，每学期期末的“口算达人”“生字达人”竞赛，学生们书写认真，计算准确，人人争当小能手，变“要我做”为“我要做”，激发了孩子的主动性，且人人主动力求做到最好！

我们用最美的教育，陪伴孩子每一步成长。成长护照的发行，不仅会促进好习惯的养成，同时还利于学生个人素质的提高及学生评价体系的完善。希望紫冰花宝贝们在这样独具特色的养成教育中，养成良好的习惯，拥有幸福的人生！成长护照，同时具有的意义在于学生素质评价体系由单一的以分数论高低的标准向多元化转变，这标志着实验学校着眼于长远发展的教学目标，以全面提高学生素质为根本目的，促进孩子们德智体全面发展的教育体系的日益成熟。使同学们敢于创新的思维能力得到拓展，创造力得到集中发挥。提升了审美能力，历练了勇气，打造了自信，激发了学习兴趣。孩子永远对世界充满兴趣，启发他们学习的最佳动机，激发学生发现的兴趣，凝练合作精神，提高学习的积极性和主动性，提供发现问题并寻找解决方案的动力，形成对各学科的热爱。

成长护照能记录每个孩子的上课情况、进步程度，方便老师针对学生之间的差异性做出相应的调整。明确学生的优缺点以后，在发挥长处的情况下，去提升孩子的相对薄弱环节，促进孩子的身心全面发展。

（一）为什么要记录孩子的成长过程

通过长期（几周/几个月/一年或者更多）观察，记录孩子不同方面的成长，可以为孩子描绘出某一阶段的个性图景，我们可以看到：孩子的发展情况、孩子的发展需求，以及在某个时间段的变化、孩子的兴趣和喜好。我们通过各种活动对孩子深入了解，让孩子在学习过程中变化及成长。通过活动发现孩子个性化的特点，采取更加适当的方法培养孩子，让孩子感受到自己的特点和兴趣，更能激发孩子探索、学习的热情，正视自己的优点和缺点，逐步成长起来。家长可以通过孩子的成长记录，看到孩子难能可贵的点点滴滴，尤其是在没有家长陪伴的情况下，孩子是怎么战胜困难的、怎么解决问题的、怎么获得快乐的，以便家长更加全面地了解孩子，选择更合适的陪伴方式。

孩子成长过程中的每一个瞬间、每一句话语、每一个小动作，都会让老师家长欣喜不已！记录下这些成长的足迹，对孩子来说，既是美好的成长纪念，也是在他成年之后，送给他的一份厚重而有意义的礼物！

于舒涵同学在实验学校读五年级，2016年的开学式上她拥有了一本专属于自己的成长护照。在拿到护照的第一天，她就跟妈妈说：“这是专属于我的护照，我要很认真地在上面记录我参加的每一个活动。”她不满足仅仅记录每次活动的时间地点，主动要求妈妈给她拍照片并将照片打印出来贴在护照上，她说照片是她的成长足迹，是每一次活动的证明。

孩子们的成长护照

(二) 成长护照，记录这一路“升级打怪”

每参加一次活动、养成一个好习惯，学生都可获得象征成长的“勋章”，孩子的每一次成长，都像是一次

成长护照之全家福

"升级打怪"的过程，让孩子在实践中体验到乐趣，也让家长们感知到孩子成长的点滴！

吴晓雅妈妈说，小时候她也带晓雅参加过很多实践活动，但活动参加完很难再记起。而现在有了成长护照，每一次活动老师都会给拍几张照片，都可以记录在上面，活动时间、地点、感想，以后翻阅的时候都可以一一回想起当时的情形，很有意义。

成长是美丽的，犹如春的芽苞迫不及待地绽放；成长是酸甜的，要学会走路就要面对跌倒，要收获成功就要面对失败；成长是苦涩的，接受一次次挑战，接受无数烦恼的磨砺。因为成长，才让我们明白人生的意义！

04 成果展示

ACHIEVEMENT DISPLAY

实验荣誉

哈尔滨市实验学校所获荣誉统计表

序号	单位名称	荣誉名称	获奖级别	颁发部门	获奖时间
1	哈尔滨市实验学校	哈尔滨市区级校本研修示范学校	市级	哈尔滨市教育局	2015.11
2	哈尔滨市实验学校	中国文化书院基地学校	国家级	中国文化书院	2015.12
3	哈尔滨市实验学校	中俄青少年科技体育国际邀请赛 黑龙江青少年科技体育比赛 团体第二名	省级	黑龙江省体育局 黑龙江省教育厅 黑龙江省科学技术协会	2015.12
4	哈尔滨市实验学校	哈尔滨市体育艺术基点校	市级	哈尔滨市教育局	2015.12
5	哈尔滨市实验学校	黑龙江省义务教育学校 标准化建设工程合格学校	省级	黑龙江省教育厅 黑龙江省人民政府 教育督导室	2016.1
6	哈尔滨市实验学校	全国青少年校园足球特色学校	国家级	教育部	2016.5
7	哈尔滨市实验学校	哈尔滨市“社科普及基地”	市级	哈尔滨市社会 科学界联合会	2016.9
8	哈尔滨市实验学校	哈尔滨市中小学德育工作先进集体	市级	哈尔滨市教育局	2016.11
9	哈尔滨市实验学校	培养优秀体育艺术后备人才基点学校	市级	哈尔滨市教育局	2016.12
10	哈尔滨市实验学校	哈尔滨市三八红旗集体	市级	哈尔滨市妇女联合会	2017.3
11	哈尔滨市实验学校	市教育局直属单位第四届教职工 羽毛球比赛优秀组织奖	市级	哈尔滨市教育局 工会委员会	2017.4
12	哈尔滨市实验学校	黑龙江省“邮储银行杯”智能机器人 竞赛优秀组织单位	省级	黑龙江省教育厅 黑龙江省科学技术厅 黑龙江省机器人学会	2017.1
13	哈尔滨市实验学校	市厂务公开民主管理知识竞赛活动 优秀组织单位	市级	哈尔滨市总工会	2017.11
14	哈尔滨市实验学校	全国青少年优秀传统文化教 育示范校（示范基地）	国家级	教育部	2017.12

序号	单位名称	奖励名称	获奖级别	颁发部门	获奖时间
15	哈尔滨市实验学校	哈尔滨市青少年科技体育比赛优秀组织奖	市级	哈尔滨市社会体育指导中心	2017.12
16	哈尔滨市实验学校	黑龙江省少儿京剧培训基地	省级	黑龙江省少儿京剧院	2018
17	哈尔滨市实验学校	教师党校	市级	哈尔滨市教育局	2018.3
18	哈尔滨市实验学校	体育教师业余训练“一带三”测试赛体育道德风尚奖	区级	松北区教育局	2018.4
19	哈尔滨市实验学校	黑龙江省中小学优秀基层党组织	省级	黑龙江省教育厅	2018.6
20	哈尔滨市实验学校	黑龙江省省级体育基点校	省级	黑龙江省教育厅	2018.6
21	哈尔滨市实验学校	哈尔滨市少先队先进集体	市级	哈尔滨市教育局	2018.6
22	哈尔滨市实验学校	王媛校长发展共同体	市级	哈尔滨市教研院 哈尔滨市教育局	2018.7
23	哈尔滨市实验学校	冰心文学创作基地	市级	《冰心少年文学》编辑部	2018.7
24	哈尔滨市实验学校	十佳和谐校园	省级	黑龙江省和谐单位创建评选活动组委会	2018.8
25	哈尔滨市实验学校	黑龙江省“邮储银行杯”智能机器人竞赛优秀组织单位	省级	黑龙江省教育厅 黑龙江省科学技术厅 黑龙江省机器人学会	2018.1
26	哈尔滨市实验学校	全国青少年校园篮球特色学校	国家级	教育部	2018.11
27	哈尔滨市实验学校	第六届“全国儿童安全教育主题”绘画比赛最佳组织先进单位	国家级	中国关心下一代工作委员会公益文化中心	2018.11
28	哈尔滨市实验学校	哈尔滨市“保利杯·爱我国防”演讲比赛优秀组织奖	市级	中共哈尔滨市委宣传部 哈尔滨警备区 哈尔滨市教育局	2018.12
29	哈尔滨市实验学校	平安校园	市级	哈尔滨市教育局	2018.12
30	哈尔滨市实验学校	摆渡船“阅读港湾学校”	市级	上海师范大学儿童文学研究所	2018.12
31	哈尔滨市实验学校	2017—2018学年度大面积提高教学质量先进单位	区级	松北区教育局	2018.12
32	哈尔滨市实验学校	哈尔滨市特色学校	市级	哈尔滨市教育局	2018.12
33	哈尔滨市实验学校	黑龙江省机器人学会理事单位	省级	黑龙江省机器人学会	2019.1
34	哈尔滨市实验学校	黑龙江省中小学生篮球赛丙组铜奖	省级	黑龙江省教育厅	2019.1

序号	单位名称	奖励名称	获奖级别	颁发部门	获奖时间
35	哈尔滨市实验学校	黑龙江省第三届学生冬季运动会冰壶比赛（初中男子组）第一名	省级	黑龙江省教育厅 黑龙江省体育局	2019.1
36	哈尔滨市实验学校	培育和践行社会主义核心价值观“七进七促”工作示范学校	市级	中共哈尔滨市委宣传部	2019.1
37	哈尔滨市实验学校	学生实习基地	省级	黑龙江外国语学院	2019.3
38	哈尔滨市实验学校	教师发展研培基地	区级	松北区教育局	2019.3
39	哈尔滨市实验学校	松北区教育系统解放思想大调研活动先进集体	区级	松北区教育局	2019.3
40	哈尔滨市实验学校	哈尔滨市第三十七届劳动模范大会模范单位	市级	哈尔滨市人民政府 中共哈尔滨市委	2019.4
41	哈尔滨市实验学校	博士后研究基地	市级	深圳大学理论经济学博士后科研流动站	2019.4
42	哈尔滨市实验学校	一带一路国际合作发展（深圳）研究院哈尔滨新区分院	区级	一带一路国际合作发展（深圳）研究院	2019.4
43	哈尔滨市实验学校	2019 年度哈尔滨市中小学信息技术创新与实践活动组织工作先进单位	市级	哈尔滨市电化教育馆	2019.6
44	哈尔滨市实验学校	全国青少年校园冰雪运动特色学校	国家级	教育部	2019.7
45	哈尔滨市实验学校	北京 2022 年冬奥会和冬残奥会奥林匹克教育示范学校	国家级	教育部	2019.7
46	哈尔滨市实验学校	黑龙江省学校体育工作先进集体	省级	黑龙江省教育厅	2019.7
47	哈尔滨市实验学校	黑龙江省教师教育实习示范基地	省级	黑龙江省教育厅 哈尔滨师范大学	2019.9
48	哈尔滨市实验学校	哈尔滨新区青少年雪地足球联赛体育道德风尚奖（小学组）	区级	松北区文化广电体育和旅游局 松北区教育局	2019.11.29
49	哈尔滨市实验学校	2018—2019 学年度哈尔滨市中小学生冰壶比赛小学男子组亚军	市级	哈尔滨市教育局	2019.12
50	哈尔滨市实验学校	2018—2019 学年度哈尔滨市中小学生冰壶比赛初中男子组冠军	市级	哈尔滨市教育局	2019.12
51	哈尔滨市实验学校	哈尔滨市校园冰球基点校	市级	哈尔滨市教育局	2019
52	哈尔滨市实验学校	“2020 年自然探秘——春天里的植物”自然观察作品征集活动中荣获黑龙江自然教育人才基地	省级	黑龙江省林业和草原局 共青团黑龙江省委员会 少先队黑龙江省工作委员会	2020
53	哈尔滨市实验学校	2019 年度“全省五四红旗团委”	省级	共青团黑龙江省办公室	2020.5

序号	单位名称	奖励名称	获奖级别	颁发部门	获奖时间
54	哈尔滨市实验学校	哈尔滨市文明校园	市级	中共哈尔滨市委员会 哈尔滨市人民政府	2020.7
55	哈尔滨市实验学校	2019—2020 年度全国英语“四位一体”教学法科研成果评选活动中荣获一等奖	国家级	国家基础教育实验中心 外语教育研究中心	2020.8.15
56	哈尔滨市实验学校	中俄中学联盟成员单位	市级	中俄中学联盟	2020.12.25
57	哈尔滨市实验学校	哈尔滨市第六中学、哈尔滨市实验学校俄语学科教育联盟	市级		2020
58	哈尔滨市实验学校	哈尔滨市科普示范学校	市级	哈尔滨市科学技术协会 哈尔滨市教育局	2020
59	哈尔滨市实验学校	全国名校联盟示范学校	国家级	全国名校联盟 《小学语文教学》编辑部 《小学教学设计》编辑部	2020
60	哈尔滨市实验学校	2019—2020 年度黑龙江省三八红旗集体荣誉称号	省级	黑龙江省妇女联合会	2021.3

图文叙事

2021 年 5 月 31 日松北区责任督学深入实验学校督导检查

2021 年 5 月 28 日国家义务教育质量监测

2021 年 5 月 19 日哈尔滨市政府履行教育职责评价督导评估工作组到实验学校检查

2021 年 5 月 12 日小初衔接活动

2021 年 4 月 29 日省级专项课题开题会

2021 年 4 月 26 日日喀则代表团访学

2021 年 4 月 14 日能力提升工程 2.0 调研

2021 年 4 月 13 日为建党 100 周年献礼主题升旗仪式

2021 年 3 月 31 日参观萧红故居

2021年3月23日大成法制讲座

2020 年 12 月 11 日高雅音乐进校园

2020 年 12 月 10 日一二·九运动演出

2020 年 11 月 24 日国学节闭幕式

2020 年 11 月 17 日上海督导人员莅临实验学校检查

2020 年 11 月 10 日第五届校园科技节开幕式

2020 年 12 月 18 日与大成律师事务所签约

2020 年 12 月 25 日纪念毛主席诞辰 127 周年展演活动

2020 年 12 月 24 日陈膺参观校园

2020 年 11 月 18 日哈尔滨新区第二届集群节闭幕式

2020 年 10 月 29 生物全区教研课题开题会

2020 年 11 月 5 日首批大学生看新区
——哈尔滨市实验学校专场

2020 年 10 月 23 日“牢记使命跟党走　争做时代好少年”
中国少年先锋队哈尔滨市实验学校少先队委员会
第一届第二次少先队员代表大会

2020 年 10 月 22 日青年教师展示活动

2020 年 9 月 30 日艺术节闭幕式

2020 年 9 月 30 日垃圾分类讲座

2020 年 9 月 27 日社团招募大会

2020 年 9 月 23 日迎接国家督导检查

2020 年 9 月 17 日哈尔滨市教研院领导莅临我校

2020 年 9 月 10 日松北区教育系统深化作风整顿暨安全工作专题警示教育推进会

2020 年 9 月 10 日实验学校喜迎第 36 个教师节

2020 年 8 月 31 日开学典礼

2020 年 5 月 21 日哈尔滨市校车防疫
应急演练现场会

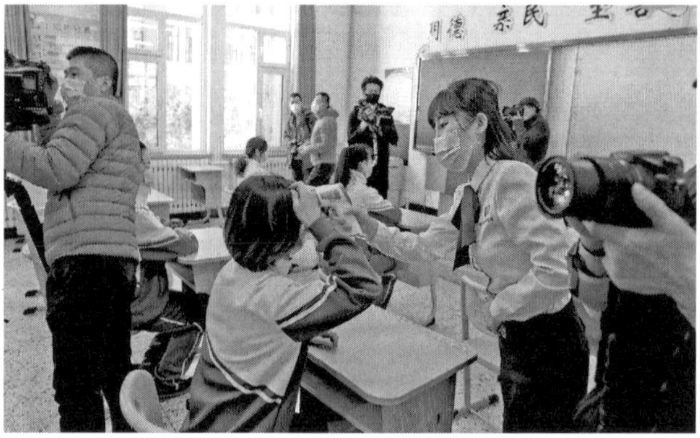

2020 年 4 月 2 日哈尔滨市中小学新冠肺炎暴发疫情
应急处置演练

2020 年 1 月 10 日菲律宾卡加延市代表团来校参观

2020 年 3 月 20 日实验学校家长去南极留念

2019 年 1 月 12 日崇贤馆工作人员来校参观

2019 年 1 月 7 日领导参观校园

2019 年 12 月 25 日全国中小学课程建设
与教育改革专题研讨会

2019 年 12 月 19 日文明校园迎检

2019 年 12 月 17 日全市教学会议看现场

2019 年 9 月 30 日同升国旗，同唱国歌

2019 年 11 月 5 日小学生到科技馆、极地馆研学

2019 年 9 月 28 日毛佩琦莅临我校

2019 年 9 月 28 日毛佩琦、李克莅临我校

2019 年 9 月 19 日社团招募

2019 年 9 月 16 日王铁力区长来校参观

2019 年 8 月 14 日全国中小学课程建设
与教学改革现场会

2019 年 7 月 20 日哈尔滨市实验学校小学招生

2019 年 4 月 19 日“十三五”国家级课题开题研讨

2019 年 10 月 28 日日本新潟市青少年使节团来校交流

2019 年 10 月 25 日第十四届黑龙江省
四城市体育教学研讨会

2019 年 10 月 28 日西藏教师来校访学

2019 年 9 月 10 日第三十五届教师节大会

2019 年 8 月 29 日走进实验门就是实验人

2019 年 7 月 16 日杨修宝给全体教师培训

2019 年 7 月 12 日洛阳研学出发合影

2019 年 6 月 21 日松北区政协领导来校调研

2019 年 6 月 19 日西藏教师向学校赠送哈达和锦旗

2019 年 6 月 19 日劳技学校专家及
哈尔滨市教育局领导到校指导工作

2019 年 6 月 17 日幼小衔接活动

2019 年 6 月 12 日春游

2019 年 6 月 6 日北岸星月工作室启动仪式

2019 年 5 月 10 日俄语节开幕仪式

2019 年 5 月 21 日参观哈尔滨市实验学校学子法院

2019 年 5 月 8 日阳光少年紫冰花少年携手礼

2019 年 4 月 28 日一年级亲子运动会

2019 年 4 月 19 日“十三五”集群开题研讨 + 双师课堂

2019 年 4 月 4 日哈尔滨市科协、市教育局领导莅临我校

2019 年 3 月 29 日参观七三一部队遗址

2019 年 3 月 20 日省人大常委会领导莅临我校指导工作

2019 年 5 月 31 日哈尔滨市实验学校运动会

2019 年 3 月 27 日松北区教育局与
黑龙江外国语学院签约仪式

2019 年 3 月 12 日哈尔滨市教研院领导视察指导工作

2018 年 12 月 29 日联欢会留念

2018 年 12 月 26 日全国教育督学专家来访

2018 年 12 月 26 日哈尔滨市实验学校法治副校长授聘仪式

2018 年 12 月 25 日深圳市学校代表来我校参观

2018 年 12 月 25 日纪念毛主席诞辰

2018 年 12 月 18 日党建工作检查

2018 年 11 月 27 日特色学校检查

2018 年 12 月 7 日家校携手共育紫冰花开

2018 年 11 月 7 日法制教育检查

2018 年 11 月 5 日名作家进校园

2018 年 11 月 5 日哈巴罗夫斯克州学生来校访学

2018 年 10 月 31 日冰心文学创作基地授牌仪式

2018 年 9 月 26 日"飞翔的梦"无人机大赛

2018 年 9 月 30 日艺术节开幕式

2018 年 9 月 11 日松北区团委领导指导工作

2018 年 8 月 31 日军训会操集体照

2018 年 7 月 18 日哈巴罗夫斯克州学生夏令营代表团来校访学

2018 年 7 月 14 日郑州十九中骨干教师来校访学

2018 年 6 月 29 日“践行新思想、筑梦新征程”
优秀原创童谣及经典诵读展演活动

2018 年 6 月 29 日“中国好老师”论坛

2018 年 6 月 26 日欢送西藏教师

2018 年 6 月 25 日粤华中学同仁莅临我校

2018 年 6 月 22 日小学春游

2018 年 6 月 13 日姜同河来校视察

2018 年 6 月 13 日阳光荣誉课程留影

2018 年 6 年 6 月王媛校长共同体合影

2018 年 6 月 4 日环保捡垃圾

2018 年 6 月 2 日哈尔滨市教育局领导到我校进行视察指导检查

2018 年 5 月 31 日第三届运动会

2018 年 5 月 30 日与文府中学进行马球比赛

2018 年 5 月 29 日松北区教育局领导视察指导检查

2018 年 5 月 29 日赴白俄罗斯访问，展松北学子风采

2018 年 5 月 27 日“中国好老师”公益行动计划

2018 年 5 月 23 日国家教育部领导莅临我校

2018 年 5 月 18 日实验学校远程同步
种植活动开幕式

2018 年 5 月 17 日开展活动迎接松北区德育办领导莅临

2018 年 5 月 16 日小初衔接活动

2018 年 5 月 11 日省领导莅临我校

2018 年 5 月 8 日作家走进实验学校

2018 年 5 月 4 日俄罗斯客人来访

2018 年 4 月 26 日地震专家走进实验学校

2018 年 4 月 24 日农村校长培训

2018 年 4 月 24 日莫斯科 356 学校师生莅临我校

2018 年 4 月 23 日紫冰花少年在哈尔滨工程大学
表演“中华书法”

2018 年 4 月 23 日春季接力比赛

2018 年 4 月 18 日中国军事专家李杰教授
走进实验校园

2018 年 4 月 17 日成都专家莅临我校

2018 年 4 月 4 日参观哈尔滨三五将军文化博物馆

2018 年 4 月 3 日一年级学生参观萧红纪念馆

2018 年 4 月 3 日郭居凯老师莅临我校

2018 年 3 月 29 日教育专家莅临我校

2018 年 3 月 26 日英国桑德兰市代表团莅临我校

2018 年 3 月 20 日与英国桑德兰斐特德学校签约仪式

2018 年 3 月 12 日一年级学生种植活动

2018 年 3 月 10 日乌兰浩特市校长高级研修班领导莅临我校

2018 年 1 月 20 日国学春晚

2018 年 1 月 15 日“中国好老师”公益行动计划